DIAGNOSTIC ET TESTS PSYCHOLOGIQUES

CHRISTIAN GUILLEVIC
Professeur à l'université de Toulouse-Le Mirail et à l'INSA de Toulouse

STÉPHANE VAUTIER
Chargé de cours à l'université de Toulouse-Le Mirail et à l'INSA de Toulouse
Psychologue au GRETA de Toulouse

DIAGNOSTIC ET TESTS PSYCHOLOGIQUES

NATHAN

Autres publications :

GUILLEVIC Christian, *Psychologie du travail*, Nathan, coll. « Fac », 1991.

Peu avant la parution de ce livre, les éditions Nathan ont appris le décès du professeur Guillevic. Il aura suivi l'ensemble de l'édition sans voir malheureusement son ouvrage publié.

Nathan-Université voudrait témoigner ici de toute l'estime qu'elle lui portait pour la qualité de son travail de chercheur et de pédagogue.

Édition : Claire Hennaut
Conception de couverture : Noémi Adda
Conception graphique intérieure : Agence Media

9, rue Méchain - 75014 Paris.
ISBN 2-09-190325-6

SOMMAIRE

INTRODUCTION

Après une longue éclipse, la méthodologie des tests redevient une préoccupation des psychologues et son enseignement dans les cursus universitaires y reprend une place non négligeable après avoir subi de nombreux rejets. Accompagnant ce retour des tests, des revues et des ouvrages de plus en plus nombreux viennent présenter des points de vue actualisés sur ce secteur de la psychologie. Cet ouvrage s'inscrit dans cette perspective mais il en diffère par sa conception et par sa finalité basées sur une pratique de la méthodologie des tests dans la formation des étudiants, jamais démentie ni interrompue pendant une vingtaine d'années, même dans les périodes les plus critiques.

L'ignorance des caractéristiques essentielles des tests qui a conduit des auteurs à adopter des points de vue polémiques, voire outranciers, la volonté de certaines personnes voulant aider par des ouvrages de vulgarisation les futurs « testés », ainsi que l'image caricaturale qu'en donne parfois la grande presse sont autant de raisons qui ont suscité le rejet des tests. Il n'est donc pas inutile de rappeler quelques points fondamentaux concernant ces outils même si l'objectif de cet ouvrage n'est pas d'être un manuel de tests.

À la fin du XIXe siècle, les tests naissent de l'idée, apparue avec la psychologie expérimentale et la psychophysique, que l'on pourrait tenter de mesurer le psychisme. Aussi séduisant soit-il, ce projet s'est heurté à des difficultés épistémologiques et méthodologiques complexes que l'état des connaissances de cette époque ne permettait pas toujours de maîtriser. Retenons cependant de cette perspective métrique quelques points qui restent très pertinents pour comprendre ce qu'est un test.

Présentation des caractéristiques des tests

Qu'est-ce qu'un test ? Il s'agit essentiellement d'une **épreuve de stimulation d'un individu pour dégager les grandes lignes de sa personnalité**. Cette épreuve doit présenter deux types de caractéristiques :

– les premières résident dans un principe de *standardisation des tests* qui revêt lui-même plusieurs aspects. Une fois fixés les objectifs du test, il faut choisir un matériel-support (graphisme de type géométrique ou sans signification, énoncés verbaux, images, etc.) qui ne devra absolument plus varier, sauf à vouloir construire une autre version du test. La passation de l'épreuve doit être guidée par une consigne sans ambiguïté qui permet de contrôler les variations liées à la personne qui fait passer les tests. La cotation et le dépouillement doivent se faire à l'aide de grilles normalisées afin d'éviter toute évaluation subjective des réponses de la part du psychologue;

– le second type de caractéristiques des tests repose sur la nécessité de *construire des items indépendants de dimensions culturelles*. Cependant, s'il est facile de s'affranchir des connaissances scolaires ou professionnelles, en revanche on ne peut affirmer qu'un test échappe à l'influence de dimensions culturelles plus profondes (valeurs, représentations du monde, stéréotypes, etc.). Face à cette difficulté, un grand nombre de concepteurs, plutôt que de vouloir l'éliminer, l'intègrent dans les tests en retenant des items présentant des degrés divers de cette dimension culturelle.

Par exemple, dans un test d'intelligence, on présentera des « situations-problèmes » à support spatial ou graphique (dessin, matrice, puzzle, codage, labyrinthe, etc.) et des items à support verbal (connaissance du vocabulaire, raisonnement sur des phrases, épreuve de mémoire sur des chiffres, etc.). En comparant les performances dans ces deux types d'épreuves, on tentera d'évaluer l'influence des dimensions culturelles. Les tests d'intelligence de Wechsler (1961)[1] ont systématisé cette perspective en proposant deux grandes séries d'épreuves : 5 subtests sont bâtis sur des supports verbaux et 5 autres s'appuient sur des supports non-verbaux. Cela permet d'établir un Quotient Intellectuel (QI) général, la performance évaluée sur les 10 subtests, et deux sous-QI (Verbal/Non verbal) basés sur les deux types d'épreuves. En comparant les résultats à ces deux sous-QI (mais aussi dans les différents subtests), le psychologue pourra appréhender l'influence des variables socioculturelles dans le développement intellectuel d'un sujet.

1. Toutes les références citées dans ce livre renvoient à la bibliographie p. 123.

Cette perspective se retrouve dans les tests de personnalité, même si l'on peut penser qu'il est difficile dans ce secteur, d'une part de procéder à des standardisations, d'autre part d'échapper aux dimensions culturelles, surtout si l'on a tendance à réduire ces épreuves à des questionnaires. Dans la diversité des épreuves de ce domaine, nous retiendrons l'exemple des tests projectifs très connus comme le TAT[2] et le Rorschach.

Concernant la standardisation, un travail considérable sur la formalisation des matériels et sur la cotation des réponses a été effectué : par exemple, la société américaine du Rorschach analyse tout les ans des milliers de protocoles afin de proposer des cotations de réponses.

Pour la dimension culturelle (Andronikov-Sanglade, 1993), on retrouve l'idée d'une intégration de cette dimension plutôt que de son élimination. Le TAT (ou le CAT version pour enfant) confronte un individu à des planches représentant des personnages ou des images figuratives. C'est en fonction des significations attribuées à ces situations par le sujet testé que le psychologue va inférer les caractéristiques de sa personnalité. L'examen de ces planches fait apparaître clairement la dimension culturelle du matériel utilisé. En revanche, le Rorschach qui repose sur le même principe (inférence des caractéristiques de la personnalité à partir des significations attribuées par un sujet aux images présentées) se différencie du précédent par le fait que ces images sont non figuratives, le test étant connu dans le grand public sous le nom du test des tâches d'encre. Dans ce domaine aussi la comparaison des résultats obtenus avec des épreuves plus ou moins saturées en dimensions socioculturelles sera importante et la valeur du diagnostic du psychologue reposera justement sur sa capacité à donner un sens à ces analyses comparatives et à intégrer dans son diagnostic la dimension non réductible de la culture que constitue la parole (Gori, 1996).

Au-delà d'un rappel nécessaire pour le néophyte, cette présentation rapide des caractéristiques des tests (nous y reviendrons dans la suite de l'ouvrage) permet de situer les difficultés de la méthodologie des tests. Si ces outils s'inscrivent dans une perspective d'objectivation des dimensions de la personnalité et offrent ainsi une garantie contre les évaluations subjectives,

---

2. Voir le répertoire des tests cités p. 109.

le psychologue ne devra pas s'enfermer dans une attitude rigide de quantification. En premier lieu, le lecteur aura compris que celle-ci est parfois difficile à réaliser et en second lieu que l'essentiel ne réside pas dans le chiffrage des réponses du sujet mais dans la contextualisation de celles-ci. Les tests sont des outils nécessaires mais les informations qu'ils apportent doivent être restituées dans l'ensemble des techniques dont dispose le psychologue.

Objectifs de cet ouvrage

Cette démarche ouverte et flexible permettra d'affronter les réticences vis-à-vis des tests et d'aboutir – ce qui est essentiel – à des diagnostics pertinents dans l'évaluation de la personne. L'objectif de cet ouvrage est de donner aux futurs psychologues les moyens techniques qui seront à la base de cette démarche.

De notre confrontation à ces attitudes réticentes, parfois condescendantes vis-à-vis des tests, nous avons retenu que l'adhésion des étudiants à cette méthodologie et le développement d'une capacité d'intervention maîtrisée en ce domaine pouvaient être obtenus par une présentation que guident deux grands objectifs difficiles mais indispensables dans tout projet de formation des psychologues :

– placer l'étudiant dans une logique de questionnement à laquelle est soumis le psychologue praticien lorsqu'il rencontre des problèmes d'évaluation des caractéristiques individuelles ;

– fournir des éléments de réponses opérationnelles lui permettant de choisir, d'utiliser et éventuellement de construire ses propres outils d'investigation.

Expliquer la difficulté d'atteindre ces objectifs par l'ampleur des connaissances à acquérir dans des domaines théoriques (l'intelligence, la personnalité, la psychomotricité), techniques (l'objectivité dans le recueil et le traitement de données), épistémologiques (le rapport hérédité/milieu dans l'origine des différences individuelles, la différence entre comprendre, expliquer, prévoir) et déontologiques (le droit d'investigation sur la personne, la maîtrise de la confidentialité des examens psychologiques) ne nous paraît pas pertinent[3]. En revanche aider le futur psychologue à construire une stratégie

3. Ce qui ne signifie pas que le développement des connaissances dans ce domaine soit inutile. La multiplication des ouvrages et des articles que nous évoquions plus haut répond à cet objectif et nous y renverrons fréquemment.

personnelle intégrant les tests dans des activités de diagnostic par une articulation de cette démarche à ses connaissances disponibles et à l'ensemble de ses pratiques d'intervention est un défi bien plus délicat mais autrement plus urgent. Privilégiant ce point de vue, cet ouvrage sera donc modeste par ses aspects théoriques mais ambitieux dans sa visée pragmatique qui détermine son organisation.

• Dans le *premier chapitre*, à partir de situations concrètes simples, nous montrerons que le recours aux tests n'est qu'une étape, nécessaire mais insuffisante à elle seule, dans le processus délicat d'élaboration du conseil ou de l'aide psychologique. En effet la pratique des psychologues nécessite la coordination de demandes ambiguës qui leur sont adressées et de réponses ambivalentes qu'ils peuvent fournir. Sans un travail constant d'élucidation et d'ajustement entre ces deux termes, le diagnostic du psychologue sera entaché d'aléas. L'utilisation des tests doit être située dans cet effort d'analyse qui détermine les conditions légitimes du repérage des différences individuelles.

• L'idée d'utiliser les tests sous certaines conditions étant alors acceptée, le *deuxième chapitre* présentera succinctement les caractéristiques essentielles des tests existants avec comme objectif de permettre aux futurs psychologues d'en mieux connaître les apports et les limites. Ils pourront ainsi choisir dans les catalogues de tests qui comportent plus de 2 000 références, uniquement pour les répertoires en langue française, les outils qui leur paraissent pertinents. S'ils n'y trouvent pas de réponses appropriées à leurs problèmes, ils pourront même envisager de construire leurs propres outils.

• Utiliser les tests signifiant clairement que l'on se situe dans une perspective métrique, le but du *troisième chapitre* est d'amener l'étudiant à réfléchir sur les problèmes de mesure (P. Dickès *et al.*, 1994) qui conditionnent la pratique des tests. Il permettra d'éviter les pièges de la « psychotechnique[4] » qui ont amené certains polémistes à qualifier les psychologues utilisant les tests de « maniaques du centimètre ». Bien au contraire, il montrera que l'expertise du diagnostic requiert l'utilisation raisonnée d'outils dont la fiabilité repose sur des principes métrologiques maîtrisés.

4. Notion historiquement datée enfermant le psychologue dans le rôle de « celui qui fait passer des tests » et qui est à l'origine sans doute des attaques les plus virulentes contre les tests.

• Les échelles de mesure auxquelles aboutissent ces principes se traduisant par des étalonnages de différents niveaux, le *quatrième chapitre* présentera des techniques simples permettant de choisir, de construire et d'établir des correspondances entre les deux grands types d'étalonnages les plus utilisés. Si ce chapitre a une visée technique, en s'appuyant sur des notions élémentaires de statistiques, il tentera de vaincre les appréhensions fondées sur des expériences « malheureuses » de certains étudiants vis-à-vis des « calculs » en leur montrant la simplicité des outils mathématiques mobilisés ainsi que l'intérêt et la facilité de leur utilisation.

• Les étalonnages fournissant des données segmentées sur la personnalité[5], le *cinquième chapitre* présentera les notions de profils et de quotient intellectuel (QI) qui permettent des comparaisons intra-individuelles (confrontations des dimensions psychologiques d'une même personne) et interindividuelles (comparaisons de plusieurs personnes ou comparaison d'une personne à un groupe de référence). En réintégrant ces données dans l'ensemble de celles qu'il a recueillies, le psychologue pourra ainsi élaborer des synthèses en vue d'un diagnostic sur les caractéristiques individuelles qui dépasse les points de vue polémiques (commerciaux ?) et fiabilisent son intervention auprès de tous les demandeurs de conseils et d'aides.

5. La personnalité ne se réduit pas à l'affectif. Or nous verrons plus loin que les tests de personnalité peuvent entretenir ce réductionnisme auquel contribue symétriquement la polarisation cognitive. Nous considérons que ce concept doit désigner l'ensemble structuré des caractéristiques humaines affectives, intellectuelles, motivationnelles, motrices. Faut-il rappeler, en 1998, que l'homme n'est pas unidimensionnel ?

1

LE DIAGNOSTIC ET LES TESTS DANS LA PRATIQUE DU PSYCHOLOGUE

Définir la place accordée aux tests suppose que soit résolu le problème de la coordination des informations recueillies par des techniques aussi différentes que les entretiens, les observations, les biographies et bien sûr les tests. Ce problème difficile qui conduit du diagnostic à l'élaboration de solution d'aides ne sera pas développé ici car il renvoie à toute la pratique du psychologue et dépasse donc le cadre limité de cet ouvrage qui est centré sur l'apport des tests dans le diagnostic. En revanche, le problème spécifique de la pertinence de la recherche de caractéristiques individuelles ne peut être évité car la légitimation des tests est fondée sur leur capacité à les mettre en évidence.

À partir d'exemples concrets, nous montrerons que les demandes adressées au psychologue s'expriment souvent en terme de recherche d'aptitudes, de niveau de motivations, de traits de personnalité, etc. Cette forte demande sociale n'en légitime pas pour autant ce type d'investigation qui doit être précédé par des analyses contraignantes. Face à cette exigence les psychologues sont parfois tentés par des réponses d'évitement du problème. Cette attitude peut avoir comme conséquence d'invalider la recherche de caractéristiques individuelles et de conduire par là même à un rejet des tests. Pour éviter ces écueils, il faut définir les conditions de la légitimation de ces outils dans le diagnostic et l'élaboration d'aides à la résolution des problèmes posés. Cette perspective, en s'appuyant sur les apports et sur les limites des théories et des méthodes psychologiques, contribuera à la rénovation des tests.

1. La « réalité » des demandes

1.1 Le constat de la fréquence des demandes d'évaluation

Constamment les psychologues sont confrontés à des demandes d'évaluation des caractéristiques individuelles. Du père ou de la mère de famille angoissés par l'avenir de leur enfant aux responsables d'entreprises tenaillés par la crainte de ne pas retenir la personne adéquate sur le poste qu'ils doivent pourvoir, en passant par les personnes elles-mêmes inquiètes quant à leur avenir et à leurs capacités à assumer leurs responsabilités ou plus simplement à faire face aux difficultés de la vie quotidienne, les exemples de ces demandes d'évaluation abondent.

Élucider leur signification est primordial pour le psychologue, aussi soumettons-nous à l'analyse du lecteur quelques exemples pris dans différents domaines de pratique professionnelle.

Exemple 1 :
Madame A..., psychologue clinicienne, est consultée par une famille (père et mère) dont le deuxième enfant (sur trois) pose beaucoup de problèmes face auxquels ils paraissent désemparés. Au cours d'un premier entretien, ils mettent l'accent sur la scolarité de leur enfant : alors que les deux premières années au collège s'étaient déroulées sans histoire, les professeurs cette année se plaignent de son comportement instable et agressif, bien que ses résultats scolaires, même s'ils ont tendance à se dégrader, ne soient pas mauvais. Quelques éléments au cours de cet entretien font entrevoir à Mme A... que des difficultés relationnelles s'installent aussi dans la famille. Les parents, qui ont eu les coordonnées de Madame A... par des amis dont l'enfant a été suivi par cette psychologue, souhaiteraient avoir un point de vue objectif qui les aide à « enrayer la dérive de leur enfant ».

Exemple 2 :
Monsieur B..., psychologue dans un cabinet conseil, a été sollicité pour aider au recrutement d'opératrices accomplissant une tâche de

tri de pièces sur binoculaire. En effet, il existe une forte rotation du personnel sur ce poste et la qualité du travail effectué est médiocre. Le responsable de l'entreprise qui pense que « cela ne va très fort » dans l'atelier, estime que l'on peut améliorer la situation en trouvant l'« oiseau rare » capable de tenir le poste. Il souhaite que le psychologue l'aide à détecter un « opérateur motivé et ayant les capacités requises pour faire le travail ». Il demande au cabinet conseil de retenir parmi les vingt candidats, qui ne sont en fait que des candidates, trois personnes parmi lesquels il en choisira une.

Exemple 3 :
Monsieur C..., conseiller d'orientation-psychologue dans un CIO (Centre d'information et d'orientation), a reçu les parents d'un élève de troisième qui s'interrogent sur l'orientation scolaire de leur fils. Celui-ci, bon élève en mathématiques, souhaiterait aller dans un lycée technique à partir de la seconde pour pouvoir préparer un bac « l'ancien E » (ils ne maîtrisent pas les nouvelles appellations). Si les parents, sur la base des résultats scolaires, ne doutent pas des capacités de leur fils à suivre un enseignement général, ils s'interrogent sur ses motivations (leur fils ne veut-il pas faire comme un de ses copains ?) et sur « ses dons pour le technique ». Ils souhaiteraient que le psychologue lui fasse passer quelques tests et leur donne son avis.

Exemple 4 :
Monsieur D..., 47 ans, cadre technique dans une PME (petite ou moyenne entreprise) d'électronique en difficulté, voudrait se reconvertir vers des activités technico-commerciales. Bien qu'il pense se connaître, il souhaiterait faire un bilan de son expérience et de ses potentialités dans un domaine nouveau pour lui. Sur les conseils d'un copain, il s'adresse à un CIBC (Centre interinstitutionnel de bilan de compétences) pour qu'un professionnel de ce service l'aide à faire le point sur ses capacités, lui fournisse un point de vue distancié sur ses chances raisonnables de reconversion et, en cas de réponse positive, l'aide à préparer ce changement d'emploi. Il n'a pas spécifié qu'il voulait voir un psychologue.

Exemple 5 :
Monsieur E..., psychologue à l'AFPA (Association formation professionnelle des adultes), a été sollicité par sa direction, car les stages de formation aux métiers de la branche secrétariat « marchent mal ». On lui demande de mettre en place une batterie de tests rénovés. En effet, le travail de secrétariat évolue en fonction du développement de la bureautique (traitement de textes, tableur, gestion de base de données, sur micro-ordinateur). La direction pense que la prise en compte des aspects sensori-moteurs et des connaissances orthographiques n'est pas suffisante pour faire un bon pronostic de réussite en stage et qu'il faudrait détecter aussi les « capacités organisationnelles » nécessaires pour la gestion des fichiers qu'imposent ces nouvelles technologies.

Exemple 6 :
Madame F..., psychologue scolaire, a été sollicitée par une institutrice d'école maternelle pour l'aider à résoudre une demande faite par des parents. Ceux-ci ont un enfant qui aura 5 ans au mois de mars et ils souhaitent le faire entrer à l'école primaire au mois de septembre de la même année. Quand on dit à ces parents qu'entrer avec un an d'avance au cycle élémentaire n'est pas forcément une bonne chose, ils rétorquent que le « gosse » d'un de leurs copains, qui a eu 5 ans en décembre de l'année précédente, sera admis sans problème et qu'en fait les deux enfants n'ont pas un an de différence mais simplement 3 mois. Et sans le dire explicitement, ils sous-entendent que leur enfant est autrement « plus doué » que celui de leurs copains. L'institutrice demande à Mme F... d'évaluer la maturité affective, conative et cognitive de cet enfant.

Exemple 7 :
Monsieur G... est psychologue dans une école qui forme des pilotes de lignes. Jusqu'à présent, la sélection, très sévère, se faisait sur la base d'un concours après les classes préparatoires scientifiques, avec en sus des tests physiques. Or le nombre d'échecs et d'abandons au cours des premiers mois de la formation est particulièrement impor-

tant, ce qui est préjudiciable aux élèves (perte de temps et pertes financières, sentiment d'échec...) et à l'école (le coût de la formation n'est pas couvert par les droits, mauvaise image que donnent les échecs...). La direction de l'école souhaiterait que le psychologue se procure quelques tests pour les adjoindre aux épreuves de connaissances scolaires, afin de mieux identifier, parmi les candidats, ceux pour lesquels on peut être sûr qu'ils réussiront.

Si ces quelques exemples soulignent l'existence de demandes en termes d'évaluation de la personne, ils ne peuvent être considérés comme la preuve que le problème se situe au niveau de caractéristiques individuelles. Il est important, au-delà de ce qui est dit, de comprendre la signification des différentes demandes.

1.2 L'analyse de la signification des demandes

Un premier niveau d'analyse doit s'appuyer sur la distinction classique des psychosociologues entre la *commande,* le besoin qui est explicitement exprimé, et la *demande,* qui pose le véritable problème et dont la personne a plus ou moins conscience. On doit se demander si la famille (exemple 6) recherche réellement une entrée anticipée à l'école primaire pour son enfant « surdoué » ou si elle ne cède pas à un processus de comparabilité sociale. Ou encore si le responsable de l'entreprise (exemple 2) ne veut pas ou ne peut pas voir, derrière les difficultés de ses opératrices, des problèmes organisationnels ou de conditions de travail. Pour tous les exemples présentés, l'analyse de la recherche de la signification réelle de la commande est donc indispensable afin d'éviter de répondre à un faux problème.

Cette analyse est d'autant plus indispensable que les exemples montrent bien que la recherche d'une solution en termes de caractéristiques individuelles peut être une solution de facilité qui évite de s'interroger sur les causes profondes des problèmes rencontrés. Les difficultés d'un enfant ou sa réussite scolaire, la reconversion d'un cadre, l'adaptation à un poste de travail, le changement des conditions d'apprentissage ou d'exercice d'un métier, les problèmes relationnels d'un enfant ou d'un adulte ont peut-être leur origine dans des variables d'environnement, dans la signification que leur donnent les sujets. Après analyse, les caractéristiques personnelles peuvent n'apparaître que comme l'une des causes, parfois mineure, du problème.

Avant de répondre aux commandes qui lui sont adressées, le psychologue doit donc se livrer à une analyse approfondie pour découvrir quels en sont les significations implicites et les déterminants. Cela le place face à des situations difficiles auxquelles il ne pourra pas toujours apporter des réponses adaptées.

2. Les réponses d'évitement du psychologue

2.1 L'abandon du terrain

La conjonction de plusieurs facteurs, non indépendants, a conduit les psychologues à délaisser et parfois même à rejeter la recherche de caractéristiques individuelles à l'aide des tests. Cette désaffection s'inscrit dans le débat portant sur les rapports entre hérédité et milieu, envisagés comme des déterminants des caractéristiques de la personne. En France, dans les années 70, le milieu et les réactions de l'individu à ses caractéristiques ont été considérés comme les facteurs essentiels de la constitution des traits de la personne. Dans ces conditions il paraissait plus urgent d'agir pour compenser les effets négatifs du milieu que d'identifier les différences individuelles. Cette tendance était d'autant plus forte que, pendant la même période, les tests furent assimilés à une tendance élitiste visant à sélectionner les « meilleurs ». À ces facteurs fortement teintés idéologiquement, s'ajoutait la « pauvreté » de la base théorique constitutive des tests. Un grand nombre de psychologues répugnaient à utiliser des outils dont ils ne savaient pas ce qu'ils mesuraient en dehors d'une efficience ou de traits figés de personnalité.

Ces réticences, plus ou moins fondées, laissèrent le champ libre à d'autres intervenants moins scrupuleux. En effet, même s'il est difficile de se prononcer sur leurs origines, il est indéniable que des différences individuelles, tant au niveau intellectuel qu'au niveau de la personnalité, existent. On ne peut empêcher alors que se manifestent des demandes d'explication ou d'utilisation de ces différences dont s'emparent des personnes très diverses, les psychologues ayant à de rares exceptions près abandonné ce terrain. De la personne pleine de bonne volonté pour prodiguer des conseils, au charlatan d'autant plus redoutable qu'il habille son intervention d'outils folkloriques (astrologie, numérologie, etc.), en passant par les personnes ayant un rôle les obligeant à traiter ces problèmes (médecins, enseignants, responsable des ressources humaines, etc.) les exemples ne manquent pas.

2.2 La soumission aux contraintes

La deuxième source des réponses d'évitement du problème vient du conflit potentiel entre l'évidence de sa demande pour celui qui la formule et l'exigence d'analyse du psychologue qui voudrait faire comprendre la nécessité de dépasser les apparences, les idées reçues, les explications simplistes.

En premier lieu, ce conflit peut être exprimé en terme de coût de l'intervention du psychologue. Si celui-ci veut développer une méthodologie d'analyse de la situation cela prendra du temps et différera ses réponses, ce que le demandeur imagine mal et n'accepte pas car il pense généralement que le problème est bien posé puisque c'est lui qui ressent les difficultés de la situation. Le conflit sera d'autant plus intense que les situations auxquelles sont confrontées les psychologues témoignent, bien souvent, d'un état de crise pour lequel le demandeur souhaite des réponses urgentes. En second lieu, la source du conflit tient à la remise en cause de schémas et d'idées fortement ancrés dans l'ensemble de la population qui conduisent à chercher l'origine des problèmes au niveau de l'individu. Les difficultés ou les possibilités de réussite sont imputées aux dons de la personne, à sa motivation, à sa valeur personnelle. Cette remise en cause est d'autant plus délicate qu'elle risque de culpabiliser les demandeurs : affirmer que la réussite ou l'échec scolaire, les difficultés relationnelles, le mal de vivre ou la souffrance, dépendent de l'environnement éducatif mettra mal à l'aise les parents et les enseignants ; considérer que le rendement des acteurs dans une entreprise est déterminé par l'état des conditions ergonomiques, organisationnelles du travail, peut être ressenti comme une mise en cause de ses capacités de gestion par le responsable d'une entreprise.

Pour échapper à ce type de difficultés et pour éviter de décevoir, voire de perdre un « client », le psychologue peut être tenté de répondre à la demande en terme de caractéristiques individuelles, sans le détour par des analyses coûteuses économiquement et psychologiquement. Cette soumission à la contrainte de la commande est cependant très dangereuse car si l'on n'a pas identifié les déterminants du problème, « les mêmes causes produisant les mêmes effets », on risque d'aller vers des situations d'échecs aggravés. Ceux-ci seront alors imputés au psychologue qui n'aura pas su, avec ses tests, déceler les capacités ou traits de personnalité que le demandeur croit toujours être à la base du problème posé. À moyen terme, cela peut conduire à un rejet des interventions professionnelles du psychologue et plus généralement à mettre en cause la crédibilité de la psychologie.

Cette constatation ne doit pas être considérée comme une sorte d'injonction, au demeurant peu opérationnelle, pour amener les psychologues à se livrer à une investigation pour déterminer la nature réelle du problème qui leur est posé. Les psychologues expérimentés savent bien souvent reconnaître, sans analyse préalable, la signification des demandes qui leur sont adressées et ils réservent aux cas difficiles ce type d'investigation. Quant aux psychologues novices, il vaut mieux leur fournir des aides pour négocier le coût de leur intervention et pour mieux conduire leur investigation, ce qui sera plus utile qu'un « rappel aux règles fondamentales du métier ».

3. La nécessité d'une perspective systémique

3.1 Les principes d'une analyse systémique

On peut affirmer que le psychologue aujourd'hui, quel que soit son domaine d'intervention, est persuadé que les comportements observables, « discours » inclus, d'un sujet sont déterminés par un ensemble d'éléments interdépendants. Ceci explique le succès des modèles d'analyse systémique qui considèrent les conduites comme le résultat d'une interaction dynamique entre plusieurs composantes. Ces modèles, aussi séduisants soient-ils, ont du mal à être opérationnalisés car déterminer le poids et l'interaction des composantes est un problème méthodologique difficile. Nous avons donc proposé un modèle, dans le domaine de la psychologie du travail, à visée très simplificatrice et qui peut être étendu à d'autres domaines d'interventions en psychologie. On trouvera une présentation rapide de la structure de ce modèle ainsi que la définition de ses concepts fondamentaux dans le tableau suivant :

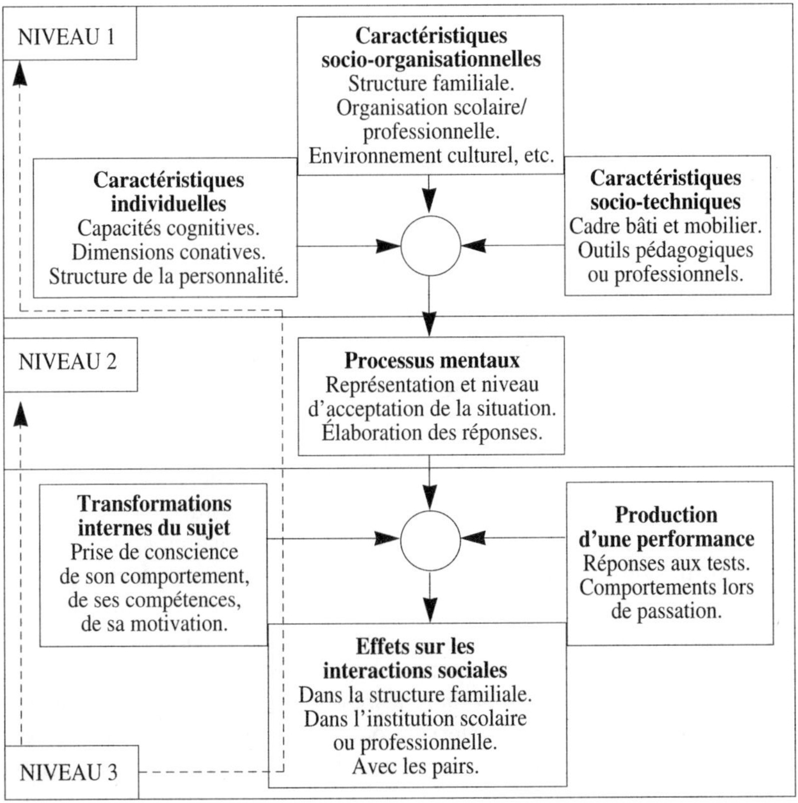

Tableau 1. *Modèle systémique d'une situation-problème.*

Ce modèle est adapté d'un modèle général distinguant les composantes du système et les boucles de régulation entre ces composantes (C. Guillevic, 1995).

Les *composantes* du système sont regroupés en trois niveaux :
– niveau 1 : les conditions qui déterminent *a priori* la *tâche* à exécuter ;
– niveau 2 : l'*activité* mentale mise en œuvre par le sujet pour exécuter cette tâche ;
– niveau 3 : les résultats de cette activité appelés parfois le *rendement* du système.

Les *boucles de régulation* parmi lesquelles on distingue :
– les boucles d'*équilibrage* [——►] qui traduisent les interactions entre les composantes d'un même niveau ;
– les boucles de *rétroaction* [- - ►] qui traduisent les interactions entre les différents niveaux.

On retiendra que les réponses et le comportement à un test sont le résultat d'une multiplicité de facteurs dont la caractérisation peut se faire à l'aide du modèle présenté.

3.2 L'application du modèle systémique au diagnostic

L'extension de ce modèle supposera des ajustements sur la définition des composantes de la situation analysée, mais on retiendra l'accent mis sur les boucles de régulation et sur la place centrale accordée à l'activité du sujet. Les boucles d'équilibrage, en soulignant la dynamique des entrées et des sorties du système, ouvrent la perspective d'aides pédagogiques et thérapeutiques. On pourra ainsi choisir d'agir sur telle ou telle composante d'entrée : faire prendre conscience au sujet de ses atouts personnels, tenter de modifier l'environnement scolaire ou familial, voire modifier les structures organisationnelles dans lesquelles le sujet est impliqué. Le choix du point d'impact de l'intervention du psychologue sera fonction du poids de la composante dans la détermination des conduites mais aussi de la faisabilité des actions retenues.

La notion d'équilibrage signifie que si aujourd'hui je ne peux agir par exemple sur l'environnement familial par risque de blocage, en agissant sur l'enfant je peux progressivement modifier l'attitude des parents. Ainsi peut être amorcé un processus dynamique de modification des grandes variables d'entrée du système. De la même façon je peux, dans le but d'améliorer la situation, mettre l'accent sur telle ou telle variable en considérant par exemple qu'un progrès scolaire peut amener une plus grande satisfaction des parents et par là même agir sur l'amélioration des relations familiales. Dans toutes les situations présentées plus haut (exemples 1 à 7) et après analyse, le psychologue pourra développer une démarche d'équilibrage entre les différentes composantes et le recours aux tests sera justifié s'il apparaît que les caractéristiques individuelles sont un des éléments déterminants du problème posé.

L'activité du sujet est un point capital de ce modèle car elle détermine l'attribution de significations aux différentes composantes (entrées comme sorties) et elle joue un rôle d'aiguillage des régulations. La prise en compte de cette activité est donc indispensable dans la mesure où il s'agit de l'instance qui permet au sujet de produire (ou d'accepter) des décisions et des actions qui le concernent. Cette proposition signifie que le psychologue doit s'assurer de la « coopération » du sujet (même s'il n'est pas à l'origine de la commande), de sa compréhension des actions entreprises et de la mobilisation de ses ressources dans la mise en œuvre des solutions. À ce niveau, les tests paraissent légitimes s'ils contribuent à mettre en évidence le fonctionnement cognitif, conatif ou affectif du sujet qui conditionne son activité mentale de régulation.

Adhérer à une perspective systémique exige donc du psychologue une attitude flexible (ne pas analyser les problèmes de manière linéaire) et une connaissance sérieuse du fonctionnement des sujets pour cerner les processus de l'activité mentale. À quelles conditions la formation des psychologues permet-elle d'atteindre ces objectifs ? Cette question soulève un problème général et difficile qui dépasse l'objectif de cet ouvrage car on aura compris que cette formation ne peut être réduite à une simple transmission de connaissances. En revanche, la question de savoir s'il est possible d'intégrer les tests dans cette perspective systémique suppose une connaissance objective des caractéristiques de ces outils et des possibilités de les faire évoluer s'ils ne répondent pas aux exigences que l'on vient de définir.

4. Pour une conception rénovée des tests

4.1 Caractéristiques générales des tests

Les tests sont des situations standardisées qui permettent, par une évaluation statistique des réponses produites par un sujet, d'établir son profil psychologique en terme de capacités et de traits de personnalité. Cette définition soulève plusieurs problèmes que nous aborderons dans les chapitres suivants mais dont on peut rappeler ici les points essentiels.

La standardisation des situations s'appuie sur des principes méthodologiques très classiques en psychologie. Le matériel de questionnement ne doit pas prêter à ambiguïté dans la perception que le sujet en a. Les consignes de passation, fixant de manière impérative l'attitude et le discours de celui qui fait passer le test (syntaxe et vocabulaire), doivent être bien adaptées au type de population qu'on soumet au test afin d'éviter toute interprétation de la part du sujet. Le temps imparti, les règles de production des réponses, les modalités d'enregistrement des réponses et leur support (réponses écrites, orales, graphiques, claviers d'ordinateur) ainsi que leur cotation, doivent être clairement définis.

L'évaluation des réponses et par là même leur interprétation soulèvent des problèmes plus délicats. Les premiers sont d'ordre technique car ils reposent sur une évaluation statistique des réponses des sujets par rapport à un groupe de référence. Cette technique qui consiste à réaliser des étalonnages suppose un bonne maîtrise des techniques de mesure sur laquelle nous reviendrons. En revanche le problème de la dimension psychologique qu'est censé mesurer un test est plus complexe. Pendant longtemps les psychologues se sont contentés de propositions très empiriques[1] pour résoudre cette question. L'analyse factorielle, pour les tests de capacités et pour certains tests de personnalité, ou une représentation empirique des caractéristiques de la personnalité basée sur la confrontation à de nombreux sujets, ont conduit à la production de nombreux tests. Ceux-ci sont encore fortement utilisés

1. Tout le monde connaît la boutade attribuée à Binet, auteur du premier test d'intelligence au début du siècle : « L'intelligence ? Mais c'est ce que mesure mon test ! »

aujourd'hui car leur utilité pratique est indéniable et cela d'autant plus qu'ils présentent une grande fiabilité au niveau de la mesure. Les progrès théoriques et méthodologiques en psychologie n'autorisent plus une attitude purement empirique, c'est la raison pour laquelle de nombreux psychologues, chercheurs et praticiens, ont contribué à la rénovation des tests.

4.2 La rénovation des tests

Élaborés au moment du béhaviorisme triomphant, les tests ignoraient volontairement, dans un souci méthodologique d'objectivité, les processus et les stratégies d'élaboration des réponses. Une première série d'efforts a donc porté sur les processus sous-jacents à la production de la performance, quel que soit le type de tests, afin de réinjecter la prise en compte de la signification des réponses. Cette rénovation a été possible à partir du moment où des progrès significatifs ont été accomplis, tant sur le plan des méthodes et des techniques (par exemple les apports d'analyses structurales et multivariées) que sur le plan théorique (par exemple le développement des théories cognitives ou des modèles de la personnalité). À cette rénovation, tirant son essence des changements profonds intervenus en psychologie, se surajoutent les apports des nouvelles technologies en tant qu'elles peuvent modifier la passation et l'interprétation des tests.

Dans les conceptions classiques des tests, les réponses à chaque item sont considérées comme l'indice d'une variable unidimensionnelle et sont traitées de manière linéaire : on additionne les scores ou l'on totalise des types de réponses, ce qui permet d'établir la position du sujet sur une échelle de la variable qu'est censé mesurer le test. Dans le prolongement des méthodes statistiques qui tentent d'analyser les « variables latentes » explicatives des variables observées par la recherche de l'organisation des réponses des sujets[2] des techniques proposent de mettre en évidence des « stratégies de réponses ».

2. On retrouve la même évolution dans la méthodologie du traitement des données. Par exemple, *l'analyse factorielle des correspondances (AFC)*, les *analyses hiérarchiques descendantes ou ascendantes, etc.*, tentent, à partir de l'analyse croisée des questions et des réponses des sujets à un questionnaire, de mettre en évidence l'organisation de celles-ci et de vérifier ainsi certaines hypothèses sur la signification des attitudes ou comportements.

Dans le domaine cognitif on peut citer les travaux réalisés, à partir du Modèle Lisrel (P. Vrignaud, 1996), sur l'échelle d'intelligence de Wechsler (1961), qui ont consisté à traiter les intercorrélations entre les subtests à partir d'un échantillon de 1 000 sujets pour aboutir à une rénovation de la conception de la mesure du quotient intellectuel (QI)[3]. Dans le domaine des tests de personnalité, les travaux sur les intercorrelations entre les réponses des sujets ont renouvelé par exemple la conception des tests fondés sur les travaux de H.J. Eysenck. Le D5D (J.-P. Rolland et J.-L. Mogenet, 1995)[3], basé sur ce principe, est un test aux perspectives intéressantes car il permet, à partir de cette analyse structurale, une forte interactivité entre les différentes personnes impliquées dans le bilan de la personnalité : le demandeur, le psychologue et la personne testée.

Les réalisations s'appuyant sur des modèles structuraux pour analyser les réponses aux tests sont encore peu nombreuses car leur coût est difficile à amortir sur un nombre réduit d'utilisateurs. On peut espérer que l'intérêt de ces modèles, associé à une diminution des coûts de traitement liés au développement de l'informatique tant au niveau des logiciels que des matériels, permettra à un plus grand nombre de psychologues de recourir à ces outils rénovés par la méthodologie.

La contribution des théories psychologiques à la rénovation des tests est moins évidente. Deux raisons essentielles peuvent l'expliquer : d'une part, il existe comme une sorte de réticence dédaigneuse de la part d'un grand nombre de théoriciens, cognitivistes comme cliniciens, vis-à-vis des tests ; d'autre part, traduire les résultats théoriques dans des outils opérationnels que sont les tests s'avère d'une très grande difficulté.

On retiendra dans le domaine cognitif de nombreux travaux visant à construire des échelles d'intelligence sur la base des travaux de J. Piaget, comme l'échelle de développement de Longeot (1969)[3]. Après ces travaux relativement anciens, on aurait pu s'attendre à un transfert de l'explosion cognitive dans le domaine des tests mais celui-ci ne s'est pas encore produit. Dans le domaine clinique, on peut citer l'exemple de l'opérationnalisation des théories psychanalytiques dans un test réalisé par L. Corman

3. Nous présenterons ces tests dans le chapitre 2, « Catégorisation des tests ».

avec le Patte noire. Ce travail relativement ancien n'a pas eu lui non plus de suite significative dans le domaine des tests de personnalité. Si elles ne manquent pas d'intérêt, en essayant de traduire les apports théoriques dans des *items* (situation problème, situation conflictuelle signifiante, etc.), ces tentatives sont peu convaincantes. Elles appauvrissent en effet les concepts qui leur servent de base par la traduction parfois caricaturale qu'elles en donnent. La rénovation dans ce domaine passe donc plutôt par la capacité du psychologue à lire et à interpréter les résultats aux tests à partir d'une base théorique bien maîtrisée.

L'apport des nouvelles technologies aux tests, qui débutent de manière confidentielle dans le début des années 80, devient aujourd'hui significatif. Sur le plan matériel de la passation et de la correction des tests, il est incontestable que l'informatique apporte une aide pour des tâches répétitives et fastidieuses. Si l'informatisation des tests ne s'est pas généralisée, cela tient sans doute aux difficultés générales que l'on rencontre chaque fois que l'on veut informatiser une activité (coût des logiciels et du matériel, résistance des acteurs) mais plus fondamentalement cela tient à des problèmes spécifiques liés à la production de diagnostic à l'aide de tests.

Passer d'une automatisation de la correction, pour laquelle il suffit de prévoir des feuilles de réponses adaptées, à une automatisation de la passation soulève le problème de l'équivalence entre un test papier-crayon et des réponses produites avec un clavier et un écran. En dehors des attitudes générales vis-à-vis de l'informatique (rejet, anxiété, etc.) que peut présenter un sujet, il faut considérer que toute informatisation n'est pas un simple changement de support mais une transformation de la tâche. Quelques exemples mis en évidence par X. Walkstein (1995) dans une thèse récente illustrent cette proposition : plusieurs items par page en cahier contre un item-écran ; navigation non contrôlée dans les cahiers alors qu'un test informatisé contraint la navigation selon un schéma préétabli ; processus d'élaboration des réponses différents ; etc. Ces restrictions ne doivent pas cependant amener un rejet de l'informatique car celle-ci, associée à des techniques comme les CD/ROM par exemple, permet un enrichissement considérable des situations de passation des tests : apports de dynamique, de plus grand réalisme, de convivialité au niveau des items-stimuli (images coloriées et animées, sons perfectionnés, etc.), possibilités d'enregistrements très diversifiés des comportements du sujet (captage de toutes les actions sur le clavier, mesure des temps de passage sur chaque item et des temps de latence entre chaque réponse, etc.).

La phase suivante de l'automatisation des tests concerne leur interprétation, ce qui pose un certain nombre de problèmes. Or, rejeter cette perspective sous prétexte que le psychologue ne saurait être remplacé par un robot paraît peu pertinent car la même la logique économique qui a supprimé les ouvriers dans les usines risquerait de l'emporter. Face à des situations aberrantes pour ne pas dire dangereuses, qu'illustrent les tests sur Minitel proposant de calculer des QI ou des bilans de personnalité, il vaut mieux dresser un bilan sur l'intérêt et les limites de ces nouvelles technologies. On pourra ainsi proposer quelques lignes prospectives simples pour l'automatisation de l'interprétation afin d'offrir des garanties scientifiques et déontologiques dans l'utilisation de ces moyens nouveaux.

Le premier apport de l'informatisation des tests et de leur automatisation est de permettre la constitution de bases de données considérables sur les populations testées. Cela ouvre au psychologue des possibilités importantes d'analyses comparatives sur des dimensions transversales ou longitudinales. On pourra ainsi comparer des réponses de plusieurs sujets sur un grand nombre de tests ou des réponses d'un sujet à des épreuves différentes et à des périodes différentes de sa vie. Les modélisations introduites dans le traitement des données permettra de traduire ces comparaisons dans des formalisations graphiques facilitant la lecture et l'interprétation des résultats des sujets. Cette perspective est cependant porteuse de deux types de risques. Le premier est d'ordre méthodologique : l'accumulation de données, malgré les synthèses qu'autorisent les modélisations, peut submerger le psychologue et réduire son niveau d'analyse clinique dans l'interprétation des dossiers. Le deuxième est d'ordre déontologique : le recueil d'informations en grand nombre sur une personne et la possibilité de les conserver dans des fichiers informatisés peut déboucher sur des déviations que le psychologue devra combattre en s'appuyant sur le code de déontologie de la profession.

Le deuxième apport de l'automatisation réside dans l'aide à l'interprétation des résultats et à l'élaboration du diagnostic qui s'inspire des travaux sur l'intelligence artificielle (IA). Dans cette perspective, on cherche à construire des modèles de raisonnement basés sur un ensemble de règles « extraites » du raisonnement humain. Cette démarche trouve son application dans les situations de diagnostic (détection de pannes, diagnostic médical, décision d'investissement boursier, définition de stratégies dans des jeux d'échec, etc.) où l'on essaie de formaliser un mode de raisonnement à partir de la connaissance que l'on a de l'expertise humaine (l'ensemble structuré des règles de raisonnement du mécanicien, du médecin, de l'agent de change, considérés comme des experts dans leur domaine). Dénommés « systèmes-experts » (SE), ces logiciels « intelligents » devraient être susceptibles d'aider la personne, confrontée à une situation de diagnostic, à repérer les problèmes et à prendre de bonnes décisions (celles que simule le SE).

S'il paraît tentant d'importer ce type de démarche dans le domaine du diagnostic psychologique, plusieurs raisons font douter de la pertinence d'une telle démarche. Après une période dangereuse (l'IA et les SE étaient considérés comme des outils de diagnostic plus fiables que l'humain) et euphorique dans les années 80, on constate sinon une régression[4], du moins des ambitions bien minorées, de cette orientation, même chez les informaticiens les plus friands de modélisation. Au delà du fait qu'il ne faudrait pas que les psychologues cèdent à une mode dépassée, les problèmes soulevés par l'IA et les SE au plan général se retrouvent avec plus d'acuité dans le domaine de la psychologie. Sur la base de quels critères peut-on désigner des psychologues experts ? Si l'on arrive à les identifier, à quelles conditions peut-on objectiver les règles qu'ils mobilisent pour leur diagnostic ? Peut-on traduire ces règles dans un langage formel ? Dans l'état actuel de nos connaissances, il est impossible de répondre à ces questions mais elles ouvrent des perspectives de recherche intéressantes sur les modes de raisonnement du psychologue en situation d'interprétation et de diagnostic. La mobilisation de chercheurs dans ce domaine contribuera à sortir la pratique des test d'une perspective psychotechnique étroite et améliorera la fiabilité des diagnostics des psychologues.

4. Par exemple le sigle IA s'est transformée en Informatique avancée, sans doute parce que, comme on a pu le dire, « Il y a très peu d'Intelligence mais beaucoup d'Artifices… » dans ces outils.

SITUATIONS-PROBLÈMES[5]

1. Vous travaillez depuis peu pour un organisme de formation en tant que conseiller en développement et gestion des compétences. L'adjoint au maire s'est adressé à votre organisme en demandant un bilan de compétences pour quatre personnes employées au service financier, ce service étant destiné à évoluer. Un chargé de secteur de votre organisme vous téléphone pour vous demander de l'aider à faire une proposition à la mairie, notamment en termes de tests d'évaluation psychologique.
Vous proposez à votre chargé de secteur de le rencontrer le lendemain pour discuter de cette commande de vive voix.

Quelles sont les questions que vous lui poserez pour orienter votre réflexion et construire votre propre proposition ?

2. Considérez la situation illustrée par l'exemple 1 (p. 16).

Donnez les grandes lignes des explications que vous allez fournir aux parents pour leur faire comprendre que les déterminants de la dégradation de la conduite de leur enfant sont sans doute multiples et qu'il va falloir y consacrer davantage qu'un examen psychologique par les tests.

3. Psychologue dans un collège, vous êtes souvent consulté par des parents concernant l'orientation de leurs enfants. L'audience que vous avez obtenue « agace » parfois certains professeurs. C'est ainsi que lors d'un conseil de classe, l'un des professeurs ironise sur la mesure des aptitudes à laquelle vous vous livrez. Vous lui répondez qu'en ce qui vous concerne vous n'utilisez pas le terme d'« aptitude » mais que vous préférez parler de « performance » et de « compétence » et que votre opinion sur les élèves s'élabore à partir de données dans lesquelles les tests ne sont qu'un des éléments constitutifs de votre diagnostic.

5. Les situations-problèmes renvoient, essentiellement, à des questions abordées dans ce chapitre mais attention, elles peuvent aussi faire appel, accessoirement, à des notions abordées dans d'autres chapitres. Avant de consulter les corrigés qui figurent en fin d'ouvrage, nous vous conseillons de tenter d'y répondre à la fin de la lecture de ce chapitre mais d'y revenir après lecture de l'ensemble de l'ouvrage pour préciser votre analyse.

Expliquez à ce professeur les raisons qui font que vous préférez parler de performance et de compétence plutôt que d'aptitude.
Expliquez la nature des composants du dossier qui vous permettent d'élaborer un diagnostic qui, s'il intègre les tests, se base sur une connaissance plus large des élèves.

2

CATÉGORISATION DES TESTS

Lorsqu'il utilise des tests, le psychologue doit maîtriser les opérations de quantification, en apprécier la fiabilité et décider de l'utilité concrète des mesures ainsi effectuées par rapport au problème à résoudre. Le psychologue expérimenté assimile rapidement la commande qui lui est adressée aux possibilités de réponse liées aux outils qu'il connaît bien, car son expérience lui permet de décider ce qui est faisable et ce qui ne l'est pas. Confronté à la même situation, le novice aura plus de difficultés pour, d'une part, spécifier la nature du problème et trouver, d'autre part, les tests adéquats. Par exemple, si le but est de mesurer la motivation d'adultes en formation ou pour un poste de travail donné, il conviendra de savoir quels sont les tests qui opérationnalisent la notion de motivation, et les rapports que l'on peut établir entre la mesure et les comportements en formation ou dans l'exercice de tel métier ; s'il s'agit de se prononcer sur l'existence d'une débilité mentale, il sera utile de vérifier que tel test permet effectivement de décider si l'on a affaire à une débilité mentale.

Établir cette adéquation n'est pas simple car l'offre est surabondante : plus de 2 000 tests sont actuellement disponibles sur le marché francophone. Pour aider le psychologue dans cette recherche de tests qui répondent à ses besoins, de nombreux auteurs (voir B. Gangloff, 1994 ; M. Moulin, 1992 ; C. Guillevic, 1995 ; P. Pichot, 1971) ont proposé des classifications. Aucune n'est entièrement satisfaisante car les critères sont hétérogènes. Ils peuvent concerner des aspects formels (mode de passation, coût du matériel, fréquence d'utilisation, etc.) par opposition à des aspects plus fondamentaux (contenu, références bibliographiques, fiabilité de la mesure, etc.). On peut retenir un critère formel très pragmatique comme le mode de passation (collectif ou individuel). Les premiers types de tests très standardisés et donc limités dans leurs investigations permettent des examens rapides de dépistage, les seconds autorisent des analyses plus approfondies mais sont plus coûteux en temps. Ce critère n'est donc pas à négliger dans le choix des tests car il permet d'arbitrer entre la nécessité de gérer son temps et l'obligation de diagnostics pertinents. En revanche, il ne permet pas de résoudre le problème du choix des tests en fonction des dimensions psychologiques que l'on veut mesurer. Ayant une visée pragmatique — permettre au psychologue de repérer la valeur pratique des tests présentés par les deux principaux éditeurs français —, la classification présentée retiendra un critère de *contenu.*

Opérationnaliser ce critère suppose que soit résolue une double difficulté : la catégorisation psychologique des réponses fournies par un sujet à des tests et le transfert des performances aux tests à des contextes d'aides psychologiques (conseils scolaires ou professionnels, psychothérapies). Peut-on dire par exemple que les réponses à une série de problèmes logiques que propose un test comme le D 48 sont l'indice d'une *intelligence générale* qui autorise un pronostic de réussite dans des études scientifiques ? Les catalogues et les manuels de tests des éditeurs donnent toujours une définition du contenu des tests mais celle-ci ne doit être considérée que comme un repère, il appartiendra au psychologue de pousser plus loin son investigation sur l'interprétation de la signification des réponses.

1. La sphère cognitive

La plupart des tests dans le domaine cognitif relèvent d'une approche à la fois empirique et descriptive basée sur l'analyse factorielle (M. Reuchlin, 1964). À partir d'épreuves variées, on cherche à dégager des facteurs statistiques rendant compte des performances obtenues et à les interpréter comme les manifestations de certaines formes ou modalités d'intelligence. À cette conception dite *factorielle* de l'intelligence s'opposent des tentatives d'opérationnalisation reposant sur des bases théoriques plus élaborées.

Sur le plan pratique, on peut se contenter de la valeur normative des mesures pour détecter des problèmes particuliers (retards de développement, détériorations, sous-fonctionnements, etc.) liées à des valeurs anormales. Souvent cependant, le psychologue a besoin de savoir ce que représente la mesure dans le contexte du problème qu'il a à résoudre. Jusqu'à présent, la prise en compte de ce que représentent concrètement les mesures de l'intelligence s'est faite principalement dans le cadre d'études de *validité prédictive*.

1.1 Les tests factoriels

L'intelligence générale (facteur G)

Les tests de cette catégorie mesurent l'aptitude[1] générale à résoudre des problèmes. Cette capacité permet l'analyse d'une situation, l'organisation de données et la conduite d'une démarche scientifique ou littéraire. Elle s'appuie sur la déduction (du général au particulier) ou l'induction (du particulier au général) et sur leur articulation. Ces processus mentaux permettent d'établir le lien causal qui rattache une conséquence à sa cause.

L'intelligence concrète ou pratique (facteur F)

Ce type d'intelligence s'exprime par un intérêt dominant pour les faits, l'expérience et l'utilité pratique. Elle indique une capacité à raisonner à partir d'éléments concrets liés à une organisation logique. Complémentaire du raisonnement abstrait, elle repose sur une forme de pensée que sous-tend l'intérêt pour la manipulation des choses, l'administration de la preuve par les faits et l'expérience, le besoin de voir ou d'imaginer pour comprendre. Si l'on saisit l'intérêt du facteur F mis en évidence par F. Alexander, il permet d'établir des pronostics pour des formations (ou emplois) s'appuyant sur des raisonnements concrets. Son statut est cependant incertain : parfois il renvoie au facteur G, parfois on lui inclut des facteurs spécifiques (S, N… que nous aborderons plus loin).

1. Les termes « aptitude » et « capacité » renvoient au débat hérédité/milieu sur l'origine des déterminants des traits psychologiques. Avec M. Huteau (1994), nous les considérerons comme équivalents c'est-à-dire désignant une disposition à quelque chose sans nous prononcer sur l'origine de cette disposition.

L'aptitude verbale (facteur V)

Il s'agit d'une capacité à raisonner sur du matériel verbal. Plusieurs types de tests existent en ce domaine. Certains portent sur des séries de mots qui sollicitent, notamment des capacités de sériation, de classification. D'autres, d'un niveau plus complexe, s'appuient sur des textes dont il faut saisir la signification, le sujet devant être capable de contracter le texte, de retrouver parmi des propositions celles qui sont en accord avec le texte, celles qui le contredisent.

Cette aptitude indique le niveau de compréhension de la langue, des idées et le sens de phrases. Ces tests permettent de bons pronostics pour les formations (ou emplois) qui nécessitent de raisonner sur des discours. La comparaison avec des tests de facteur G est aussi très intéressante car elle permet de saisir l'influence de l'environnement culturel, dont l'influence, quoi qu'en disent certains auteurs, est plus forte dans le domaine verbal. Dans ce domaine, on peut signaler un aspect particulier, la *fluidité verbale (facteur W)* qui est la capacité à fournir rapidement et à utiliser aisément un grand nombre de mots. Elle permet des pronostics pour les activités où l'expression verbale est essentielle.

Aptitudes spécifiques

La conception factorielle de l'intelligence distingue une série de facteurs spécifiques qui désignent des modes de raisonnement liés à des matériels particuliers. Parmi les nombreux facteurs mis en avant, on pourra retenir :

– l'aptitude numérique (facteur N), qui traduit la capacité à manier des chiffres avec rapidité, vivacité, sans qu'une élaboration logique ou une intelligence concrète soit mobilisée ;

– l'aptitude spatiale (facteur S), qui traduit la capacité à représenter un espace à deux ou trois dimensions, à percevoir des configurations dans l'espace en permettant des comparaisons de ces dimensions. Elle permet des pronostics pour les formations (ou métiers) qui exigent une compréhension des systèmes mécaniques ou techniques. C'est la raison pour laquelle lui est parfois associée une aptitude mécanique (facteur M) mais dont le statut est fortement discuté ;

– les autres aptitudes : perceptives (P), attentionnelles (Q), mnémoniques, créatives. Ces aptitudes signalées par les conceptions factorielles de l'intelligence n'ont donné lieu à aucun test spécifique chez les deux principaux éditeurs de tests en France (EAP et ECPA)[2]. Il appartiendra au psychologue praticien, s'il pense devoir rechercher des aptitudes de ce type, d'adapter des outils existants ou de créer ses propres épreuves.

1.2 Les outils synthétiques ou composites

Plusieurs échelles d'intelligence basées, de manière plus ou moins explicite, sur une conception factorielle de l'intelligence, proposent des échelles de mesure fournissant des résultats synthétiques et globaux sur l'intelligence. Cette perspective s'appuie sur la notion de quotient intellectuel sur laquelle nous reviendrons plus loin. De l'échelle de Binet-Simon (dont la NEMI est une adaptation récente de l'équipe de R. Zazzo) à celle de Kaufman (K-ABC), en passant par celles de Wechsler (WAIS, WISC...), les exemples abondent surtout si l'on y ajoute des échelles plus centrées spécifiquement sur l'intelligence pratique (échelle de performance d'Alexander par exemple) et des échelles de développement moteur, psychomoteur, langagier.

1.3 Les outils à base théorique

À côté de ces échelles dont la conception de l'intelligence est purement empirique, on peut signaler deux types de tentatives étayées par des conceptions théoriques, dont le succès auprès des praticiens est limité.

À partir des travaux de F. Longeot, plusieurs auteurs ont essayé de construire des échelles s'appuyant sur la théorie opératoire de l'intelligence de Piaget. Malheureusement ces échelles figent les conceptions piagétiennes qui se prêtent mal aux processus de standardisation qu'impliquent les tests. Leur utilisation doit donc être très prudente.

2. EAP : Établissements d'applications psychotechniques (à Issy-les-Moulineaux). ECPA : Éditions du Centre de psychologie appliquée (à Paris). Voir p. 126.

Un deuxième type d'outils s'appuie sur la notion de styles cognitifs qui « caractérisent la façon dont l'individu perçoit, traite et organise les informations » (C. Guillevic, 1995). Fondées sur les travaux de H.A. Witkin *et al.* (1962), des typologies définissant des traits réputés stables et indépendants des situations ont été proposées. S. Streufert et G.Y. Nogami (1989) en proposent une synthèse actuelle. Malheureusement ces conceptions n'ont pas toujours un statut scientifique bien solide, ce qui doit conduire à une très grande prudence dans leur utilisation.

2. La sphère conative

Dans ce domaine, on évalue des dimensions liées à la motivation, à la propension à prendre du plaisir et à s'intéresser à tel ou tel domaine d'activité scolaire ou professionnel. Contrairement aux tests d'intelligence, les tâches consistent non pas à produire une performance, mais à répondre à des questionnaires qui font appel à la connaissance que l'on a de soi-même, de la manière dont on fonctionne ou de ses goûts et préférences. On peut évaluer les intérêts pour différents domaines d'activités, les intérêts pour le travail scolaire, les valeurs socioprofessionnelles et certaines composantes motivationnelles comme le besoin de réussite.

2.1 Intérêts pour différents domaines d'activité

Bâtis sur une conception de type factoriel, des questionnaires tentent de mettre en évidence des composantes comme l'intérêt pour le plein air, la mécanique, le technique, le numérique et le calcul, le scientifique, le médical, la persuasion, les relations à autrui, l'esthétique et l'artistique, le social, l'administratif...

J.-L. Holland a établi un regroupement d'intérêts en six orientations, qui propose une vision dynamique du comportement :

1. l'*orientation réaliste* renvoie à un intérêt pour les activités requérant coordination motrice, habileté et force physique et à une attirance pour l'action directe et les problèmes concrets ;

2. l'*orientation intellectuelle* est marquée par une préférence pour la pensée, le goût de l'organisation, le besoin de comprendre ;
3. l'*orientation artistique* renvoie à un besoin d'expression, à un goût pour les relations directes avec autrui, par le truchement de l'expression artistique ;
4. l'*orientation sociale* correspond au besoin de prise en charge d'autrui (enseigner, soigner, etc.) basé sur un goût des relations interpersonnelles ;
5. l'*orientation entrepreneuriale* renvoie au goût de l'influence ou de la domination d'autrui ;
6. l'*orientation conventionnelle* correspond à un intérêt pour les règles, l'ordre, l'autocontrôle, à une domination de ses besoins personnels et à une identification avec le pouvoir et l'État.

Bien que discutable (et discutée), cette typologie est à la base de nombreux tests.

2.2 Valeurs et motivation

Les tests sur les valeurs et les tests de motivation tentent de mettre en évidence des dimensions plus générales, avec l'inconvénient d'avoir une valeur prédictive limitée. Les tests sur les valeurs professionnelles tentent de cerner l'importance accordée au salaire, à l'autonomie, au prestige, à la sécurité... L'utilisation de ces tests est orientée vers une aide à la construction d'une image de soi. Les tests de motivation veulent mesurer le besoin de réussite, l'absence de peur de l'échec, le goût de l'effort et de la ténacité, la résistance d'un projet à l'échec. Les dimensions envisagées font que certains éditeurs rangent ces tests dans la rubrique de la sphère affective.

3. La sphère affective

Dans ce domaine, on distinguera trois types d'épreuves : les questionnaires ou inventaires de la personnalité, les tests objectifs de personnalité et les tests projectifs.

3.1 Les inventaires de personnalité

Ces tests mesurent des traits déterminés par une analyse factorielle. Ils reposent sur des questionnaires déclaratifs qui doivent mettre en évidence des traits stables dans le temps et quelles que soient les situations. Dans ce domaine fortement controversé, s'opposent ceux qui pensent que les comportements sont déterminés par des traits de personnalité et ceux qui soutiennent que ce sont les situations qui jouent un rôle déterminant (M. Bruchon-Schweitzer, 1994 ; M. Huteau, 1985). Une perspective interactionniste affirme que c'est la signification qu'accorde le sujet à la situation qui joue un rôle déterminant. Si la valeur prédictive de ces tests est moindre que celle des tests cognitifs, on doit cependant les utiliser, sous certaines conditions, pour compléter l'analyse cognitive. Pour tenir compte du caractère relatif de leur prédictivité, il faut absolument confronter leurs résultats à d'autres sources d'informations. De ce point de vue, les travaux de J.-P. Rolland et J.-L. Mogenet (1995) basés sur les cinq composantes de la personnalité du modèle *Big Five* ont abouti à une épreuve qui permet, à l'aide d'un même outil, de faire établir le portrait psychologique d'un sujet établi par un psychologue, par le sujet lui-même, mais aussi par des professionnels sans la moindre formation psychologique, qui veulent, par exemple, recruter du personnel. Les différents portraits ainsi obtenus permettent une confrontation des points de vue qui dépasse le débat d'opinion. Ce type d'approche ouvre des perspectives que le caractère d'initiation du présent ouvrage ne permet pas de développer mais que nous incitons le lecteur à approfondir en se reportant au test D5D de Rolland et Mogenet.

3.2 Les tests objectifs de personnalité

Ces tests sont dits objectifs parce qu'ils mettent l'individu en situation de performance. Ils permettent ainsi l'observation de comportements. La tentative la plus notable est celle de R. Zazzo qui, dans une épreuve de « barrage », fait passer le sujet d'une automatisation à une activité antagonique à celle-ci. Il pense mettre ainsi en évidence « une lenteur d'idéation, un attachement à ce qui est sécurité, une habitude et une émotivité inhibitrice ». On doit noter que si ces tests « objectifs » permettent de travailler sur des comportements, les dimensions appréhendées sont fortement liées aux situations utilisées pour déclencher leurs manifestations.

3.3 Les tests projectifs

Ces tests reposent sur l'idée que l'on peut appréhender les caractéristiques de la personnalité à travers la manière dont la personne donne un sens à un stimulus relativement peu structuré et vide de sens. Le stimulus sert d'écran de projection aux scénarii et extensivement à la vie intérieure du sujet. C'est un processus de la vie quotidienne : des personnes regardant un nuage, des ombres, donneront une signification qui leur est propre à ces formes. Malgré toutes les formalisations dans des grilles de cotation, la validité des épreuves projectives est parfois discutée (M. Bruchon-Schweitzer, 1994) à partir d'un *a priori* non compatible avec ces épreuves (nécessité de formalisation et de standardisation). On peut donc avoir recours à ces épreuves car, d'une part, de nombreux progrès pour normaliser la cotation des réponses ont été faits et, d'autre part, la richesse des informations recueillies vient compenser la pauvreté psychologique des tests de type factoriel dont les coefficients de validité paraissent meilleurs. La valeur des observations permises par ces épreuves est proportionnelle à l'expertise du psychologue et à la richesse du système conceptuel que l'on peut y appliquer.

Il est d'usage de distinguer plusieurs catégories de techniques :

– *les techniques constitutives* dont le Rorschach est le représentant le plus connu (A. Andronikov-Sanglade, 1993) : le sujet est confronté à des « images » sur lesquelles il produit un discours que le psychologue interprète en fonction de plusieurs critères ;

– *les techniques constructives* qui consistent à fournir des objets que le sujet doit assembler, comme par exemple construire un village ;

– *les techniques interprétatives* qui consistent à demander au sujet, à partir de dessins représentant plusieurs personnages dans des attitudes de signification ambiguë, d'improviser des histoires à partir de ces dessins. Le TAT (et le CAT dans sa version pour enfant) de H.A. Murray et L. Bellak en est l'illustration la plus connue (voir p. 109-110) ;

– *les techniques cathartiques* qui cherchent à déclencher des décharges émotionnelles. Le test du bonhomme en serait un bon exemple (B. Gangloff, 1994) ;

– *les techniques réfractives* qui tentent de révéler certains aspects de la personnalité en analysant les distorsions que le sujet fait subir à des codes de communications (écriture, traçage de figures géométriques).

D'autres types de techniques sont mises en avant par certains auteurs : les *techniques créatives* (produire un dessin sur un thème imposé), les *techniques de complètement* (compléter des phrases inachevées ou associer des mots), les *techniques comparatives* (choisir entre deux stimuli, photos par exemple). Mais les processus mis en jeu dans ces situations relèvent de l'une des cinq principales catégories de techniques que nous venons de citer.

4. Tests « périphériques »

Tous les tests que nous avons mentionnés se situent dans le domaine de compétence exclusif du psychologue ; il peut aussi utiliser des tests qui ne mesurent pas des traits psychologiques mais qui sont indispensables pour compléter son diagnostic. On distinguera essentiellement trois grandes familles : les tests d'évaluation scolaire et de connaissances ; les tests moteurs ; les tests physiologiques.

4.1 Les tests d'évaluation scolaire et de connaissances

Ces tests devraient relever de la compétence des pédagogues mais le psychologue les utilise pour confirmer ses informations sur le niveau de réussite objectif des sujets qu'il examine. Les épreuves sont particulièrement nombreuses en ce domaine et certaines offrent l'avantage de relier les connaissances au fonctionnement psychologique du sujet.

4.2 Les tests moteurs

Ces tests tentent de mettre en évidence la coordination psychomotrice des sujets. Ils visent à prédire la réussite des sujets dans des tâches impliquant une activité de manipulation sur outils et machines. De nombreux tests visent à mesurer la coordination et la dextérité manuelles, la coordination visio-motrice, la précision des mouvements, la coordination motrice centrale (capacité à réagir rapidement et adéquatement avec ses mains et ses pieds).

4.3 Les tests physiologiques

Ces tests permettent de mesurer certains indices comportementaux sur les capacités physiologiques comme l'acuité visuelle ou auditive, la vision des couleurs, la capacité respiratoire. Le choix de ces tests est déterminé par le problème sur lequel doit intervenir le psychologue.

Cette catégorisation des tests ne doit pas être considérée comme une taxinomie définitive et l'illustration proposée dans le tableau 2 ci-après ne doit en aucun cas apparaître comme un choix de tests auxquels on doit avoir obligatoirement recours. Elle se veut simplement une aide au repérage dans le foisonnement d'épreuves que proposent les éditeurs. Ce tableau 2 permet un rapide coup d'œil sur une catégorisation à visée pratique.

Le psychologue est incité à enrichir cette classification des tests et à la modifier en consultant, d'une part, les revues qui publient des analyses sur les tests et, d'autre part, les catalogues des éditeurs qui proposent des nouveautés, des mises à jour et parfois même l'introduction de nouvelles technologies comme l'informatique. Par exemple, l'informatisation ne doit pas être considérée comme un phénomène de mode mais comme un moyen d'introduire plus d'interactivité dans les modes de passation des tests. Choisir un test n'est donc pas l'application de règles mécaniques mais un travail difficile, constitutif de l'élaboration du diagnostic psychologique, que seul un psychologue compétent peut mener à bien.

Types de tests		EAP	ECPA
Sphère cognitive	Facteur G	PM 38, 45 de Raven[1] KR de Kouteynikoff YC et YI de l'INETOP	D48 et D70 R 85 Échelle de Cattell
	Facteur F	Série de tests de Bonnardel	Échelle d'Alexander Échelle de G. Arthur Cubes de Kohs
	Facteur V	KV de Kouteynikoff VBP de Poisson	Test syllogismes DAT (épreuves verbales) BFV (fluidité verbale W)
	Facteurs N, S, M, P…	Test CL de Faverge (S)	DAT (épreuves N, S) *Reversal* de Edfeld (S) Test mécanique de MacQuarrie
	Synthétiques à base factorielle	NEMI de Zazzo	WAIS, WISC, WPPSI de Wechsler K-ABC de Kaufman
	Synthétiques à base théorique		INVA-PIA (échelle piagétienne)
Sphère conative		YQIM de l'INETOP IRMR de Bernaud- Priou EMT de Cantineaux QMA de Aubret QMF de Forner	KUD-C de Kuder RIP : intérêts professionnels SIV et SPV : valeurs interpersonnelles et personnelles

1. Pour toutes ces abréviations, voir le répertoire des tests p. 109-110.

Tableau 2. *Illustration de la classification des tests.*

Types de tests		EAP[2]	ECPA[2]
Sphère affective	Inventaires Personnalité		D5D de Rolland-Mogenet MMPI 16PF de Cattell
	Objectifs	BAZO5 de Zazzo	
	Projectifs	Rorschach Test du village Dessin du bonhomme	Rorschach TAT (CAT) de Murray Patte noire de Corman Frustration de Rosenzweig
Tests péri-phériques	Évaluation scolaire	Échelle de Bourdier LIREL (lecture) de Lefavrais YLS (lecture silencieuse) et YRM (logique) INETOP	Tests d'acquisitions scolaires (français, maths du CE1 à la terminale)
	Moteurs	Double labyrinthe Fil de fer Goguelin Test OMEGA	CRAW Dextérité de Crawford Coordination motrice de Charlop-Atwel
	Physiolo-giques	VisioTest (acuité visuelle) DDV (dépistage déficiences visuelles précoces) ISHIHARA (vision des couleurs)	Test de Farnsworth pour la vision couleur Test de Frostig pour développer la perception visuelle

2. Voir p. 125-126 de la bibliographie les adresses de ces deux éditeurs de tests.

Tableau 2 (suite). *Illustration de la classification des tests.*

Situations-problèmes[3]

4. Participant au conseil d'orientation d'élèves de troisième d'un collège, vous utilisez une batterie de tests qui datent de plus de cinq ans. Celle-ci comporte quatre épreuves :
- D 48 ;
- DAT (épreuves verbales) ;
- DAT (épreuves N et S) ;
- Test MacQuarrrie.

Vous proposez à vos collègues un aménagement de la batterie de tests, d'une part en remplaçant l'un des tests certes très fiable mais qui a fait l'objet d'une trop grande diffusion dans le public et, d'autre part, en complétant la batterie par l'adaptation d'un cinquième test devant permettre de mesurer un facteur que la batterie initiale ignore.

Quel est le test qu'il faudrait remplacer et par quelle épreuve ? Justifiez votre réponse.
Indiquez quel type d'épreuve il conviendrait d'adopter pour que la batterie de tests soit plus complète.

5. Des enseignants, qui participent à un groupe d'étude sur l'apprentissage de la lecture, n'arrivent pas à se mettre d'accord sur l'évaluation objective des compétences des élèves en lecture. Ils vous sollicitent pour que vous leur fournissiez des outils (des tests) pour les aider à mieux cerner cette compétence. Bien que prudent sur les outils existants (vous leur proposez d'adapter ces outils), ils insistent pour avoir au moins deux exemples de tests qu'ils pourront, avec votre aide, adapter à leur situation.

Donnez deux exemples de tests qui pourraient servir d'outils de base pour procéder à la mise au point d'outils adaptés.

3. Voir note 5, p. 32.

obtiendra-t-on les mêmes résultats ? Si ces résultats sont stables permettront-ils des pronostics sur les conduites futures du sujet ? Ces questions renvoient au problème de la qualité de la mesure qui est une préoccupation centrale dans l'élaboration des tests.

2. Les niveaux de la mesure

Plusieurs niveaux peuvent être envisagés selon les opérateurs logiques mobilisés dans l'opération de mesure. On distingue généralement cinq niveaux, mais seuls les trois premiers peuvent être atteints actuellement en psychologie. Nous présenterons les propriétés essentielles de chaque échelle et nous les illustrerons par un exemple simple.

2.1 Les échelles nominales

Les échelles nominales constituent le niveau le plus faible car elles utilisent uniquement la propriété de désignation des nombres considérés comme des étiquettes. À ce niveau il faut et il suffit de définir des critères d'« équivalence » ou de « différenciation » entre les objets. Elles permettent des analyses basées sur des notions de dénombrement : compter le nombre d'observations par classe pour rechercher celle qui comporte le plus grand effectif, le *mode de la distribution* ; établir que le fait d'appartenir à une classe dans une échelle donnée accroît ou non la probabilité d'appartenir à une classe particulière dans une autre échelle en s'appuyant par exemple sur le test statistique[1] du chi carré (χ^2).

Un psychologue qui veut travailler sur les relations entre l'attitude éducative des parents ou des enseignants (A) et l'agressivité des enfants (E)

1. Notons que les statisticiens parlent aussi de « tests » pour désigner des épreuves permettant des inférences au plan de la population parente de l'échantillon : à quelles conditions ce qui est vrai pour l'échantillon est-il vrai pour la population parente ? Le test du chi carré permet de déterminer avec quel pourcentage d'erreur on peut estimer que deux variables sont liées ou indépendantes. Ces variables sont mesurées grâce à des échelles nominales. À titre d'exemple seront cités pour chaque échelle de mesure des indices et des tests statistiques présentés dès le début des études de psychologie.

devra construire des échelles nominales significatives pour ces dimensions psychologiques telles que : A = {autoritaire ; non-directif ; laisser-faire} et E = {agressivité extériorisée ; intériorisée ; pas d'agressivité}. S'il peut établir des relations significatives statistiquement entre les classes des deux échelles, ce psychologue disposera ainsi d'outils pour agir avec moins d'incertitude sur l'attitude des parents ou le comportement des enfants.

2.2 Les échelles ordinales

À la notion de différence, de l'échelle précédente, se rajoute celle d'ordre, qui permet d'affirmer qu'une variable observée est plus petite ou plus grande qu'une autre. Pour obtenir un échelle ordinale, il faut et il suffit de définir un opérateur, significatif au plan psychologique, tel que les catégories d'observations soient d'une part anti-symétriques (si la classe N_b est avant la classe N_c, alors N_c ne peut être avant N_b) et transitives (si $N_b > N_a$ et que $N_c > N_b$, alors $N_c > N_a$).

De nouvelles possibilités de traitement statistique sont alors possibles : calculer quelle valeur d'une catégorie d'observation est dépassée par une proportion de sujets, la valeur de 50 % étant une valeur typique (le *médian*) ou utiliser pour les tests des échelles basées sur des pourcentages en *déciles* (valeurs ordonnées de 10 % en 10 %, voir chapitre 4) ; établir que le fait d'avoir un rang dans une échelle donnée accroît ou non la probabilité d'avoir un rang particulier dans une autre échelle en s'appuyant notamment sur le test statistique : le ρ de Spearman[2].

Si l'on reprend l'exemple du psychologue qui veut travailler sur les relations entre l'attitude éducative des parents ou des enseignants (A) et l'agressivité des enfants (E), on perçoit la difficulté de construire de telles échelles : quels sont les critères pour décider que telle conduite est plus autoritaire que telle autre et que telle conduite est plus agressive que telle autre ? Atteindre ce niveau de la mesure permet d'établir une relation entre le développement de l'agressivité et la croissance de l'autorité, mais la vérification statistique d'une telle relation ne permet pas d'en déduire une rela-

2. Ici aussi, on peut chercher à savoir si une corrélation ρ constatée sur un échantillon est vraie, et avec quelle probabilité d'erreur, au plan de la population parente.

tion causale : on peut tout aussi bien déduire que A détermine E ou l'inverse et même qu'une variable C (par exemple le niveau socio-économique des parents) détermine à la fois A et E. Nous reviendrons sur cette question importante dans le chapitre 5.

2.3 Les échelles d'intervalles

À la notion d'ordre va s'ajouter l'idée de distance entre les classes. Dans les échelles d'intervalles, on peut exprimer l'égalité des distances entre les classes. Non seulement on peut dire que la classe N_c est plus grande que la classe N_a, mais que la distance qui sépare N_c de N_a est deux fois plus grande que la distance qui la sépare de N_b. Dans ce type d'échelle apparaissent les notions d'origine et d'unité arbitraires, dont l'exemple le plus classique est celui de la température qui permet de bien comprendre la signification de ce niveau de la mesure. Dans l'échelle Celsius, on a une origine arbitraire (le 0° de l'eau qui gèle) et une unité arbitraire (la division en 100 parties égales de la distance entre le 0° et le 100° de l'eau qui bout). On peut dire que la distance qui sépare 50° de 0° est deux fois plus grande que la distance qui sépare 50° de 25°, mais on ne peut pas dire qu'il fait deux fois plus chaud à 50° qu'à 25°. On peut simplement dire que l'écart entre 25° et 50° est le même qu'entre 50° et 75 °.

Sur le plan du traitement statistique, on peut alors calculer des indices plus puissants : la *moyenne* (somme des valeurs, divisée par les effectifs) et l'*écart-type* de la distribution (étalement des valeurs autour de la moyenne) qui permettent des comparaisons de performances en s'appuyant sur un test statistique comme le t de Student ; la *corrélation* entre deux variables qui permettent d'établir des pronostics non plus fondés sur des rangs mais sur les intervalles entre les catégories d'observations – ce que permettent les coefficients de corrélation comme le R de Bravais-Pearson.

La définition de critères permettant de définir des intervalles égaux étant particulièrement ardue, les psychologues utilisent très peu ce niveau de la mesure. Il est en effet peu vraisemblable que l'on puisse estimer des distances entre attitudes éducatives qui permettraient d'affirmer que tel parent est deux ou trois fois plus autoritaire que tel autre. Rappelons que parfois les pédagogues et les psychologues manipulent leurs variables à un niveau d'échelles d'intervalles sans avoir pour autant satisfait à l'exigence de définir des critères d'intervalles. Par exemple, les professeurs calculant des moyennes de notes devraient énoncer les critères, significatifs au plan pédagogique, qui leur permettent d'affirmer que les distances qui séparent 6/20 et 18/20 de 12/20 sont égales, ou encore que la distance de 4 à 10 est trois fois plus grande que celle séparant 8 de 10. On voit les absurdités auxquelles peuvent conduire de tels calculs et pourtant nul n'ignore les résistances à utiliser, en France, des échelles de notation en lettres qui permettent de se situer à un niveau plus faible de la mesure.

2.4 Les échelles de rapports et les échelles absolues

Ces échelles présentent un niveau de la mesure rarement, voir jamais, atteint en psychologie, aussi nous ne les détaillerons pas ici. Par exemple les échelles de rapport supposent une origine non arbitraire (le 0 = l'absence de quantité mesurée) ce qui permet, même avec une unité arbitraire, de dire que 4 mètres de tissus (ou 4 kg de carottes) représentent 2 fois plus que 2 m (ou 2 kg). Même si certaines tentatives existent en psychologie, il sera difficile d'établir des échelles de rapports dans le domaine de la mesure des compétences et de la personnalité. Quant aux échelles absolues, elles supposent que non seulement l'origine mais aussi l'unité ne sont pas arbitraires. C'est bien sûr un niveau jamais atteint en psychologie, sauf à considérer que le neurone est l'unité élémentaire sur laquelle repose tout le psychisme.

Remarquons cependant que des variables utilisées par les psychologues peuvent se situer au niveau d'échelles de rapports comme par exemple l'âge, les revenus des parents, etc. Cependant aucun psychologue n'affirmera que tel enfant de quatre ans est deux fois plus développé qu'un enfant de deux ans ou que disposer d'un revenu de 12 000 F donne un sentiment de richesse deux fois plus élevé qu'un revenu de 6 000 F.

3. Les qualités de la mesure

S'assurer que les propriétés retenues des nombres répondent à des critères satisfaisants sur le plan psychologique ne suffit pas à en garantir la fiabilité. On aborde ici la question du fonctionnement de l'outil de mesure. Comme cela a déjà été souligné (M. Moulin, 1992), il est difficile d'envisager les qualités d'un instrument d'un point de vue intrinsèque. En effet, ces qualités sont liées à la population à laquelle le test est applicable. Mais ceci étant admis, on peut dire que les qualités métrologiques permettent de garantir le bon fonctionnement du test.

En bref, il s'agit d'être sûr que les mesures effectuées :
- permettent de bien différencier des sujets différents ;
- ne fournissent pas d'indications aléatoires ou irrégulières ;
- présentent une indication pertinente au regard des situations que l'on étudie.

Ces trois conditions générales définissent les qualités de la mesure : la sensibilité, la fidélité, la validité. Elles devraient toujours être satisfaites en psychologie mais c'est dans le domaine des tests qu'elles ont été surtout opérationnalisées.

3.1 La sensibilité

Elle réside dans la capacité d'un instrument de mesure à différencier deux objets avec la finesse requise par l'objectif poursuivi par le psychologue (nous reviendrons sur ce point dans le chapitre 5, à propos de l'exploitation des mesures). Cette puissance discriminative de l'outil de mesure peut être obtenue en multipliant le nombre d'items d'un questionnaire ou d'un test et en jouant sur des variables de passation, par exemple le temps accordé pour répondre à un test. Il faut d'autant plus s'interroger sur la signification psychologique de cette manipulation des variables que celle-ci ne conduit pas forcément à une plus grande sensibilité de la mesure : un psychologue peut avoir distingué huit classes dans son échelle mais si l'une d'entre elle regroupe 80 % des sujets on comprendra que la sensibilité de l'échelle est faible.

Si l'on reprend l'exemple des échelles d'agressivité et d'autorité évoquées plus haut, on comprendra que la puissance discriminative recherchée est d'abord fonction des objectifs poursuivis : l'hypothèse d'une relation que l'on veut établir entre ces deux variables nécessite-t-elle des classes dichotomiques (agressifs ou non ; autoritaire ou non) ou des graduations plus fines en plusieurs niveaux ? On admettra aussi que la multiplication des observations comportementales sur les enfants et les parents ne débouche pas forcément sur une distinction de plusieurs catégories d'agressivité et d'autorité. On conviendra enfin qu'une échelle faisant apparaître que 80 % des enfants sont agressifs serait de peu d'intérêt. Dans le domaine des tests, les problèmes sont de même nature et nous verrons que la construction des étalonnages permet d'y faire face.

3.2 La fidélité

Différencier les sujets de manière suffisamment fine serait cependant inutile si les résultats de l'évaluation étaient soumis à de trop fortes variations aléatoires. On attend d'un test qu'il fournisse une mesure stable, c'est-à-dire qui ne soit pas perturbée par d'éventuels facteurs parasites (erreurs de mesure). On se situe dans le cadre conceptuel suivant : la grandeur que l'on mesure est supposée stable, et les variations que l'on peut enregistrer d'une mesure à l'autre sont imputées à des effets externes (aspect physique de l'examinateur, température de la pièce, soucis passagers troublant la concentration, etc.). Une fois que l'on a établi la fidélité de l'instrument, une variation de mesure pourra être interprétée en termes de changement.

Il existe plusieurs procédures permettant de quantifier cette stabilité, plus complémentaires que redondantes, basées sur le calcul de corrélation. Généralement, on considère qu'un coefficient supérieur à .70 (c'est-à-dire à 70 %) est suffisant, mais cela doit être modulé en fonction de la taille des échantillons. Nous nous bornerons à en reprendre trois méthodes qui sont des plus classiques (M. Reuchlin, 1992 ; P. Pichot, 1971) : l'indice de constance, l'indice d'équivalence, l'indice d'homogénéité.

L'indice de constance

On applique la même épreuve à un même groupe de sujets à deux périodes différentes et on se place dans l'hypothèse que les classements obtenus seront relativement semblables d'une fois à l'autre (M. Huteau, 1995). Si cet indice est le plus proche de la notion de reproductibilité, il peut être affecté par de nombreux biais liés à des modifications divergentes des sujets entre les deux moments de l'application : apprentissage, connaissance des résultats, variations des motivations.

L'indice d'équivalence

On applique deux épreuves « parallèles » à un même groupe de sujets (par exemple on calculera la corrélation entre deux tests proches comme le D 48 et le PM 38. On cherche par là à vérifier que la manière dont les épreuves sont présentées (mise en page, items…) n'est pas perturbatrice. Si la corrélation est faible, on peut alors considérer que les deux formes ne mesurent pas tout à fait la même chose, ou encore qu'elles sont trop spécifiques à leur présentation. Il est parfois difficile de trouver ou de construire deux épreuves équivalentes c'est-à-dire interchangeables et cette procédure est coûteuse en temps car elle nécessite deux passations.

L'indice d'homogénéité (ou *split-half*)

On éprouve la stabilité de la mesure au niveau des différents éléments qui permettent de recueillir les réponses. On partage l'épreuve en deux parties équivalentes ; ainsi par exemple, on calculera la corrélation entre les résultats aux items pairs et aux items impairs d'un test. On vérifie par là que le test se comporte de manière homogène. Si toutes les épreuves ne se prêtent pas facilement à cette partition, en particulier quand le nombre d'items est réduit, cette procédure présente l'avantage d'être peu coûteuse (une seule passation) et elle permet de supprimer les causes de variations externes au test.

Dans la perspective qui est de mettre l'accent sur la signification psychologique des objets cette notion d'*homogénéité* nous paraît particulièrement importante. Elle permet de vérifier que les items qui composent l'épreuve

renvoient au même type de difficulté ainsi qu'au même trait psychologique. Des procédures spécifiques ont été mises au point pour vérifier l'homogénéité d'un test. En voici deux exemples :
– *la méthode item-score* s'appuie sur l'idée qu'un test est d'autant plus homogène que la liaison des résultats de chaque item aux résultats de l'ensemble du test est forte. L'évaluation de cette liaison peut se faire à l'aide de différents tests statistiques choisis en fonction du niveau de la mesure (χ^2, t de Student, ρ de Spearman, R de Bravais-Pearson, etc.) ;
– l*a consistance interne du test* : on estime les liaisons inter-items par une évaluation du rapport entre la variance de chaque item et la variance de la totalité de l'épreuve. Le *coefficient α de Cronbach* est un test statistique conçu essentiellement pour évaluer ce type d'homogénéité.

3.3 La validité

Il ne suffit pas de disposer d'un outil suffisamment sensible et stable. Encore faut-il que les résultats qu'il permet d'obtenir opérationnalisent correctement ce qu'ils sont censés refléter. Cette qualité de la mesure, désignée sous le terme de *validité,* revêt classiquement trois aspects : une validité prédictive, une validité de contenu et une validité de construction ou validité hypothéticodéductive.

La validité prédictive

Elle est établie par la corrélation qui existe entre la mesure et ce qu'elle permet de pronostiquer (réussite professionnelle, scolaire…). Le problème essentiel qui se pose concernant ce critère est la fiabilité des indices utilisés pour évaluer sur le terrain, au bout d'un certain laps de temps, le niveau de réussite effectif. Par exemple, des évaluations professionnelles effectuées par la hiérarchie sont-elles elles-mêmes répétables et discriminantes ? Au-delà des problèmes méthodologiques, la valeur prédictive d'un test renvoie à une question théorique. Qu'est-il raisonnable de vouloir prédire en matière de comportement humain ? Actuellement, il semble que l'on s'oriente vers une approche méta-analytique (J. Roch, 1995) visant à établir des liaisons très générales, qui ont pour valeur de consolider ce que l'on savait déjà ; par exemple, plus on est intelligent et plus on a de chances de réussir professionnellement et scolairement.

La validité de contenu

Elle correspond au fait que le contenu de l'épreuve (par exemple l'ensemble des questions grammaticales qu'elle contient) représente bien le champ de connaissances qui est évalué (par exemple le programme de telle année scolaire). Il serait erroné d'apprécier le niveau en français d'un étudiant de licence en se basant sur ses résultats à des tests de connaissance élaborés pour les élèves de troisième de collège. Pour ce faire, il faudrait avoir défini ce que l'on entend par niveau en français, c'est-à-dire un échantillon de situations d'utilisation du français. Il serait également abusif de prétendre avoir une idée du niveau intellectuel de quelqu'un à partir d'un test d'aptitude numérique. Il faudrait également avoir défini le champ des capacités intellectuelles que l'on souhaite appréhender. La validité de contenu relève donc d'une analyse des situations sur lesquelles les résultats obtenus pourront être projetés.

La validité de construction ou validité hypothético-déductive

Elle réside dans l'élaboration théorique de l'outil de mesure, permettant ainsi d'émettre des hypothèses sur le fonctionnement et l'élaboration de ses réponses par le sujet (M. Reuchlin, 1992). F. Longeot (1969) a élaboré une échelle d'intelligence basée sur les théories de l'intelligence de Piaget ; le *Thematic Aperception Test*, qui relève d'une approche projective, est fondé sur une théorisation psychanalytique du processus d'élaboration des réponses (V. Shentoub *et al.*, 1990).

Le diagnostic en psychologie suppose l'évaluation des caractéristiques humaines. Cette démarche fait nécessairement appel à la quantification qui, si elle est imparfaite, permet néanmoins de définir un cadre descriptif autorisant un meilleur contrôle et une plus grande fiabilité de l'évaluation. Ce cadre descriptif situe l'évaluation à différents niveaux. On peut différencier des catégories (niveau nominal), ordonner des niveaux d'intensité sur des grandeurs (niveau ordinal), ou encore mesurer des écarts à une norme (échelles d'intervalle). Le choix du niveau de la mesure renvoie à une question de plausibilité psychologique, c'est-à-dire aux connaissances théoriques qui en supportent l'opérationnalisation.

Ajuster l'utilisation des nombres aux dimensions qu'ils permettent d'appréhender n'est toutefois pas suffisant pour assurer qu'elles sont mesurables. La mesure d'une dimension psychologique nécessite que soient garanties la sensibilité, la fidélité et la validité de l'instrument utilisé. C'est en fonction de la qualité de ces critères que le praticien va accorder plus ou moins de confiance aux outils proposés sur le marché.

L'évaluation nécessite donc un grand effort théorique et méthodologique. C'est un des avantages de la psychométrie que d'avoir nettement défini la méthodologie de la mesure dans le domaine des tests. Il serait indispensable que ceux qui dédaignent cette méthode s'en inspirent au moins au niveau des principes quantitatifs : la complexité (relative) de l'expérimentation ou d'une enquête, le prestige des pratiques de formation et des interventions ergonomiques ne devrait pas les dispenser de ces exigences métrologiques.

SITUATIONS-PROBLÈMES[3]

6. Vous faites partie d'une équipe de psychologues spécialisée dans l'intervention auprès d'enfants en difficultés. Lors d'une séance de travail, la discussion a été un peu difficile car certains collègues « chevronnés » ont mis en cause votre attachement à la technique des tests. L'un d'eux, parmi les plus anciens du service, a affirmé que l'utilisation des tests renvoyait les psychologues à une attitude techniciste incompatible avec le sens clinique qui les caractérisent.

Comment concevez-vous l'articulation entre sens clinique et mesure ? Expliquez comment vous testeriez la fiabilité de la mesure sur un test projectif (en ne présentant qu'un seul exemple d'indice, appliqué à un seul test).

7. Participant au recrutement de candidats pour une école préparant à un brevet de technicien supérieur (option commerciale) vous avez contribué à la définition de deux grandes étapes dans la sélection des candidats :
– présélection des candidats sur la base d'un dossier scolaire et d'un dossier psychotechnique ;
– pour les candidats présélectionnés, questionnaire d'intérêts professionnels et motivationnels (passation collective) et entretiens individuels devant un jury (représentant de l'école, professionnel du secteur et vous-même).

L'école ayant l'habitude d'exiger de tous les candidats une lettre de motivation manuscrite, le directeur vous demande s'il ne serait pas possible de faire une présélection sur la base de tests graphologiques. Vous émettez les plus grandes réserves sur ce type de technique en soulignant que tous les travaux entrepris montrent la non-fiabilité de ce type de mesure.

Donnez deux exemples d'indices de la fiabilité de la mesure et montrez comment on pourrait, si le directeur persistait dans son intention, les appliquer à la situation présentée.

---

3. Voir note 5, p. 32.

8. Dans un catalogue de tests psychométriques, on décrit trois tests d'intelligence en ces termes : « La note de synthèse obtenue (potentiel intellectuel) s'est révélée au cours de toutes les études la plus efficace pour pronostiquer le niveau de réussite possible tant dans les études scolaires et universitaires que sur le plan professionnel. »

De quelle qualité métrologique s'agit-il ?

9. On a administré à une population d'opérateurs d'une grande entreprise une épreuve en temps limité, qui consistait à former une phrase cohérente (sens et syntaxe) à partir de 16 morceaux (« lui avait », « désirait », « le trouver »...). La phrase produite pouvait ne pas contenir tous les morceaux, et était cotée de la manière suivante : + 1 point par morceau bien placé, – 1 point par morceau mal placé. Aucun modèle de référence n'était utilisé pour la cotation dans la mesure où plusieurs agencements différents étaient possibles.

Analysez la sensibilité de cette épreuve à partir de l'histogramme ci-dessous, et préconisez des modifications de l'épreuve pour améliorer sa sensibilité.

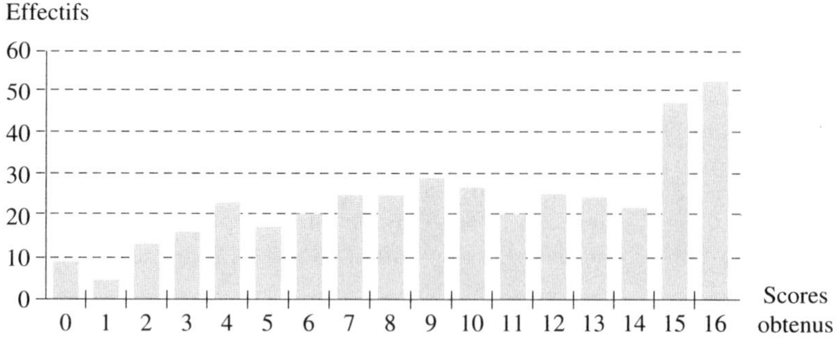

4

LES ÉTALONNAGES DES TESTS

Étalonner un test c'est construire une échelle de référence à partir d'un échantillon représentatif d'une population. Une échelle étalonnée permet de comparer la position d'un individu dans cette échelle à celle des autres individus de son groupe d'appartenance. Ces échelles sont la plupart du temps fournies avec les tests, mais le psychologue doit pouvoir les construire avec ses propres données si cela est nécessaire.

Pour mesurer une dimension psychologique à l'aide d'un test (épreuve de raisonnement, questionnaire...), il faut s'appuyer sur une cotation des réponses. Par exemple, pour une épreuve comprenant 40 questions valant un point, une performance donnée sera cotée entre 0 et 40. Cette cotation, dont on se contente souvent dans le cadre scolaire (G. Noizet et J.-P. Caverni, 1978), est un point de départ en psychométrie. Pour apprécier une copie scolaire, on s'appuie sur une échelle de 20 points qui sert de référence *absolue*, de sorte que 7/20 renverra à une performance faible. Avec une échelle étalonnée, la référence devient *relative*. On peut très bien imaginer que 7/20 indique une performance non pas faible mais modérée si la plupart des notes auxquelles on réfère ce 7/20 oscillent entre 4 et 10 (phénomène typique amenant une révision du barème qui rétrospectivement sera considéré comme trop sévère). En bref, on n'apprécie pas une performance ou un niveau avec la position de la note sur l'échelle brute, mais en fonction de sa position par rapport à un ensemble de notes de références. C'est la raison pour laquelle on insiste sur la représentativité de l'échantillon de sujets (un sujet est ici représenté par sa note). Par exemple, la note d'un sujet de 14 ans ne peut pas être estimée en se basant sur les résultats de sujets de 20 ans. J.-C. Raven (1995) estime que l'utilisation de normes obsolètes au *Progressive Matrices* est injustifiable du fait de l'augmentation globale des résultats au fil des générations.

L'étalonnage renvoie à des procédures relativement simples, quels que soient les modèles envisagés. On en distingue deux types :

– les quantilages qui situent la mesure à un niveau ordinal ;
– les modèles sigmatiques qui s'appuient, comme leur nom l'indique, sur la moyenne et l'écart-type (sigma est noté σ) ; ils définissent des échelles d'intervalle.

1. Les différents modèles d'échelles étalonnées

Quel que soit le modèle que l'on choisisse, il s'agit toujours d'opter pour une convention ou un modèle statistique, qui permet de définir comment une grandeur psychologique se répartit relativement à un ensemble de mesures sur une échelle d'intensité.

1.1 Les échelles en quantiles

Pour construire une échelle en quantiles, la procédure d'étalonnage (quantilage) est la suivante : on choisit une métrique, c'est-à-dire le nombre de niveaux que l'échelle permettra de discriminer. Par définition, à chaque niveau distingué sur l'échelle de mesure correspond un effectif constant. Si l'échelle comprend n niveaux et si l'effectif total de l'échantillon est noté N, l'effectif de chaque niveau vaudra théoriquement N/n. Une échelle en quantiles repose donc sur un modèle « rectangulaire » (voir figure 4 p. 73).

Un quantilage des plus communs est le décilage. Il s'agit d'une échelle en dix niveaux, selon laquelle une note brute quelconque pourra être traduite en note de I à X. Ces notes étalonnées auront une signification ordinale[1] (par exemple, II < III) mais aussi statistique, au sens où chaque niveau est pondéré par un effectif.

Pour construire un décilage, on fait en sorte que toutes les classes de la nouvelle échelle contiennent chacune un même nombre de notes (ou de sujets) de l'échantillon de référence. Notons au passage qu'il s'agit bien

1. C'est la raison pour laquelle nous utilisons des chiffres romains.

d'une convention, puisqu'on rend la distribution rectangulaire. L'échelle étant constituée de dix classes égales en effectif, cet effectif vaudra 10 % du nombre total de sujets. La classe I correspondra aux 10 % des notes brutes les plus faibles de l'échantillon, la classe II aux 10 % qui suivent et ainsi de suite jusqu'à la classe X qui rassemblera les meilleures notes.

La construction d'un quantilage repose sur une procédure de cumul des effectifs. Prenons un exemple. Un psychologue vient de recevoir un test coté de 0 à 30 qui lui paraît très intéressant sur le plan du contenu des processus mis en jeu mais l'éditeur du test ne lui a pas envoyé un étalonnage correspondant aux caractéristiques de la population sur laquelle il travaille habituellement. Il décide de construire un décilage qui corresponde à cette population. Dans un premier temps, il constitue un échantillon représentatif de cette population (N = 350 sujets) et il lui fait passer le test. Il obtient une distribution des notes présentée ci-dessous (figure 2 et tableau 3).

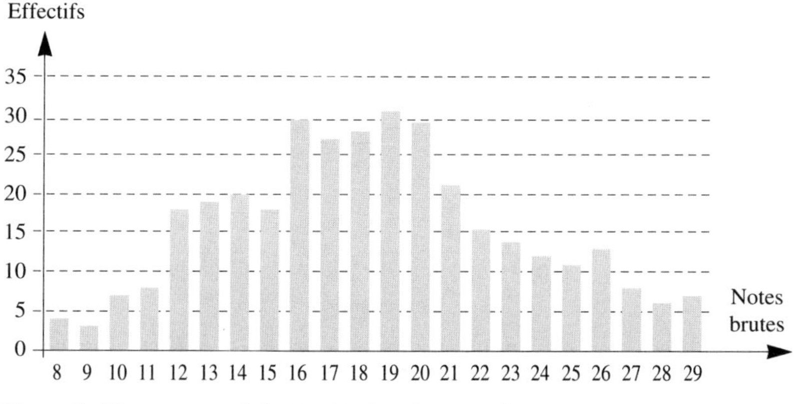

Figure 2. *Histogramme de la distribution des notes à un test.*

On cherche à savoir quelles sont les notes brutes qui définissent chaque décile ou classe. Chaque classe doit comprendre 35 sujets (350 × 10 %). Connaissant la distribution, on recherche à l'aide de l'effectif cumulé (voir tableau 3 p. 69) les 35 premiers. On trouve ainsi que les notes des 35 premiers sujets dans la distribution varient de 0 à 12. La classe I va-t-elle donc correspondre aux notes [0, 12] ? Si tel est le cas, elle comprendra non pas 35 mais 40 sujets (puisque l'effectif cumulé de la note 12 vaut 40), soit 5 de trop. Ou bien correspondra-t-elle aux notes [0, 11], soit à 22 sujets ? Dans les deux cas, on commet une approximation par défaut ou par excès. On choisit tout simplement la moindre. En l'occurrence, mieux vaut 5 sujets de trop (40-35) que 13 sujets de moins (35-22). Ces approximations sont visualisées dans la figure 3.

On procédera de même pour chaque classe. Pour la classe II, 70 est plus proche de 79 que 59, donc la limite supérieure est la note du 79e sujet, c'est-à-dire 14 et la classe II regroupe les sujets ayant 13 ou 14. Pour la classe III, 105 est plus proche de 97 que de 127, donc la limite supérieure de classe est 15. Et ainsi de suite jusqu'à la limite supérieure de la classe IX, qui fournit la limite inférieure de la classe X.

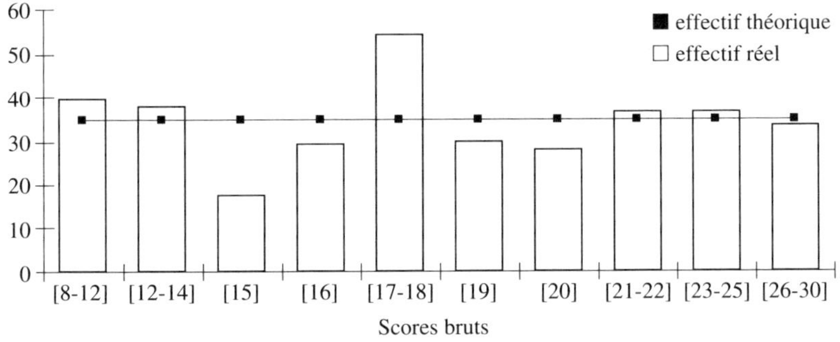

Figure 3. *Décilage : on constate que les regroupements d'effectifs par niveau sont plus ou moins proches des effectifs théoriques.*

x	n	n_c	n_{ct}	Classes	Valeurs	% réels
08	4	4		I	0 à 12	11,43
09	3	7				
10	7	14				
11	8	22				
12	18	40	35			
13	19	59	70	II	12-14	11,14
14	20	79				
15	18	97	105	III	15	5,14
16	30	127	140	IV	16	8,57
17	27	154	175	V	17-18	15,71
18	28	182				
19	31	213	210	VI	19	8,85
20	29	242	245	VII	20	8,29
21	21	263		VIII	21-22	10,58
22	16	279	280			
23	14	293		IX	23 à 25	10,58
24	12	305				
25	11	316	315			
26	13	329		X	26 à 30	9,71
27	8	337				
28	6	343				
29	7	350	350			

x = score des sujets au test. La performance la plus basse est de 8 et la performance la plus haute est de 29.
n = effectif des sujets pour chacun des scores. 4 sujets ont le score le plus faible et 7 le score le plus élevé.
n_c = effectif cumulé. Cela signifie que :

4 sujets ont une note $\geqslant 8$
7 sujets ont une note $\geqslant 9$
14 sujets ont une note $\geqslant 10$
et ainsi de suite.

n_{ct} = effectif théorique cumulé.
Les flèches indiquent les n_c qui s'approchent le plus des n_{ct} et qu'il faut départager par le choix du moindre écart.

Tableau 3. *Répartition des effectifs dans un décilage.*

Deux types de problèmes peuvent se poser :
– le premier concerne l'effectif théorique. Il se pourrait que cet effectif soit équidistant des deux valeurs observées entre lesquelles il se situe. Par exemple, on aurait pu avoir la distribution suivante :

x	n	n_c	n_{ct}
08	6	6	
09	8	14	
10	7	21	
11	9	30	
12	10	40	35
...	...	...	

On constate alors que 35 est équidistant de 30 et de 40. Le psychologue tranchera alors arbitrairement pour déterminer la limite de la classe I ;

– le deuxième concerne les effectifs des classes. Comme on procède par approximation, on constate dans la dernière colonne du tableau de la distribution que les effectifs ne correspondent pas exactement à 10 %. Il faudrait un échantillon sans doute plus important pour éliminer ce biais. Ce problème se pose aussi pour les étalonnages sigmatiques et sera repris en détail à la fin de ce chapitre, car il entre en ligne de compte dans le choix du modèle d'étalonnage.

Lorsque les déciles sont définis, on peut connaître le niveau atteint par un sujet (faisant partie de la population parente de l'échantillon). Par exemple, un score de 19 renvoie au niveau VIII. La signification psychologique de cette note étalonnée sera envisagée dans le chapitre 5.

Il existe d'autres partitions sur la base d'autres pourcentages, par exemple en 100 classes sur la base de classes rassemblant 1 % des sujets. Cet étalonnage est très discriminant mais assez lourd à manipuler. On le désigne sous le terme de *centilage*. On peut aussi procéder à une partition sur la base du quart des effectifs (25 %). Cet étalonnage, bien moins discriminant que les deux premiers, est désigné sous le terme de *quartilage*.

Les procédures de construction sont semblables. Un quartilage repose sur une partition de quatre classes correspondant chacune à 25 % de l'effectif total, un centilage sur une partition de cent classes comprenant chacune 1 % de l'effectif total. On peut imaginer autant de *quantilages* que d'échelles dont les classes ont un effectif constant (par exemple, huit classes contenant chacune 12,5 % de l'effectif, etc.).

Pour construire un quantilage, on convient du nombre de classes (l'effectif des classes s'obtient en divisant 100 % par le nombre de classes) et l'on recherche ensuite les notes brutes qui correspondent à l'effectif cumulé de chaque classe. On peut ainsi traduire n'importe quelle note brute en note étalonnée, à l'aide d'un simple tableau de correspondances.

1.2 Les échelles sigmatiques

Deux différences fondamentales distinguent un étalonnage sigmatique d'un quantilage.

La première est d'ordre méthodologique. Établir une échelle sigmatique consiste à procéder en quelque sorte à l'inverse de la méthode précédente. On découpe la distribution non pas en cumulant des effectifs mais directement en segmentant l'échelle des notes brutes, en choisissant une unité et un intervalle de classe arbitraires (c'est de cette différence méthodologique que dépend le statut ordinal ou d'intervalle de l'étalonnage). Et c'est donc *a posteriori* que les effectifs de chaque classe doivent correspondre à un effectif théorique (alors qu'on les manipule directement dans le cas du quantilage).

La seconde différence est d'ordre conventionnel, puisque le modèle de distribution sur lequel on s'appuie n'est pas « rectangulaire », mais normal (voir figure 4 p. 73). Le plus souvent, un étalonnage sigmatique comprend 11 classes, numérotées de 0 à 10. Les effectifs de chaque classe sont déterminés en fonction de la table de la loi normale et de l'intervalle que l'on choisit pour découper l'échelle des notes brutes, comme on le verra plus loin.

Une contrainte méthodologique très forte pèse donc sur la construction d'un étalonnage sigmatique, puisque si la distribution sur laquelle on travaille s'éloigne trop du modèle normal, les effectifs réels des classes risquent fort de différer beaucoup des effectifs théoriques. Autrement dit, on risque de prendre un modèle pour une réalité qui pourrait bien ne pas s'y conformer. De tels biais sont gênants au niveau de l'interprétation, puisque le poids statistique que l'on va attribuer à une performance risquera de ne pas correspondre avec la réalité de la distribution de cette performance.

Avant d'établir une échelle sigmatique, il faut donc s'assurer que la distribution a une allure normale. Il existe pour cela plusieurs procédures plus ou moins sophistiquées. Nous nous bornerons à décrire une procédure estimative qui a surtout le mérite de la simplicité. Dans un premier temps, on estime l'allure quasi normale de l'histogramme de la distribution. Il s'agit de vérifier que la forme générale de l'histogramme ressemble bien à une cloche et que les effectifs les plus importants coïncident bien avec la moyenne. Il s'agit là d'une appréciation globale qui a pour but d'éliminer les histogrammes qui seraient grossièrement a-normaux (formes en I ou en J, bimodalité...).

Dans un deuxième temps, on procède à l'étalonnage. On compare alors les effectifs théoriques et les effectifs réels, de manière à s'assurer que les écarts ne dépassent pas une proportion que l'on se sera donnée comme seuil d'acceptabilité. Si le seuil n'est pas dépassé, on confirmera l'approximation de quasi-normalité. Dans le cas inverse, on rejettera l'étalonnage pour non-conformité de l'histogramme observé. Les détails de la procédure de comparaison sont repris à la fin de ce chapitre.

Pour construire une échelle sigmatique, on détermine une origine, à savoir la moyenne de la distribution, et un intervalle de classe, défini comme une proportion de l'écart-type. Le calcul de la moyenne et de l'écart-type sont donc des opérations préalables. Le choix de l'intervalle de classe dépend du nombre de classes que l'on veut établir. On cherche à répartir les effectifs d'une manière équilibrée. Pour ce faire, on utilise une proportion (p) d'écart-type, conventionnelle, qui s'obtient par la formule suivante (B. Gillet, 1987) :

$p = \frac{4\,\sigma}{n-1}$, n étant le nombre de classes souhaitées. On peut construire des étalonnages en 5, 7, 9 et 11 classes, selon la sensibilité dont on a besoin.

Faire un étalonnage sigmatique consiste à découper l'échelle des notes brutes en intervalles égaux, la classe centrale étant positionnée sur la

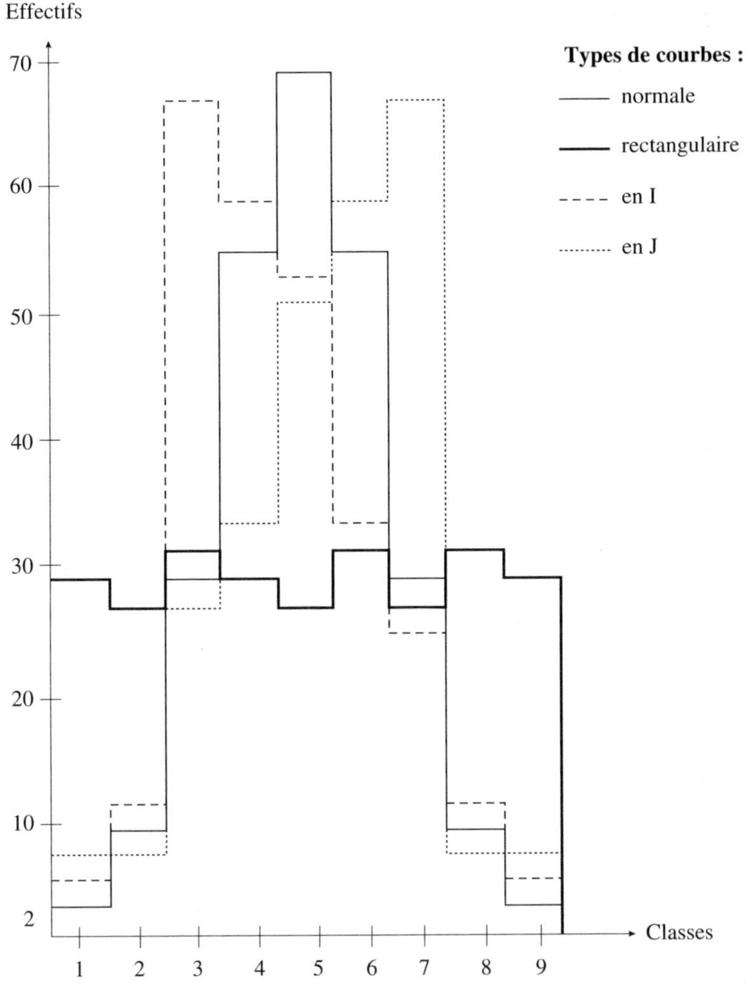

Figure 4. *Exemples de modèles de distribution.*

moyenne (μ) de la distribution. Prenons le cas d'un étalonnage en onze catégories ; l'intervalle vaut $0{,}4\sigma$ ($p = \frac{4\sigma}{11 - 1} = 0{,}4\sigma$).

Pour déterminer les limites des classes, une méthode classique consiste à utiliser les propriétés de la loi normale réduite (m = 0 et s = 1) pour calculer les limites réduites. On obtient le tableau 4 (p = 0,4).

Classes	Limites de classes	Aire Valeurs lues sur la table	Pourcentage des effectifs de la classe
0			3,6
	– 1,8	.464	
1			4,5
	– 1,4	.419	
2			7,7
	– 1,0	.342	
3			11,6
	– 0,6	.226	
4			14,6
	– 0,2	.079	
5			15,9
	+ 0,2	.079	
6			14,6
	+ 0,6	.226	
7			11,6
	+ 1,0	.342	
8			7,7
	+ 1,4	.419	
9			4,5
	+ 1,8	.464	
10			3,6

Tableau 4. *Valeurs données par la loi normale.*

Classe	Limites de classe	Scores de la classe
0		0 à 15
	15,38	
1		16-17
	17,03	
2		18
	18,68	
3		19-20
	20,33	
4		21
	21,98	
5		22-23
	23,62	
6		24-25
	25,27	
7		26
	26,92	
8		27-28
	28,56	
9		29-30
	30,21	
10		31 et plus

Tableau 5. *Échelle sigmatique en onze classes.*

On calcule ensuite la moyenne et l'écart-type de la distribution observée, afin d'établir la correspondance entre les limites réduites et les limites observées. Par exemple, soit un échantillon de 300 sujets représentatifs de la population qui intéresse le psychologue et auxquels on a appliqué une épreuve donnée pour établir un étalonnage sigmatique en 11 catégories. La distribution des scores des 300 sujets a une allure normale ; la moyenne vaut 22,8 et l'écart type 4,12. À partir de ces données, on calcule :
– l'intervalle de classe :

0,4 (intervalle pour $\sigma = 1$) $\times$ 4,12 (σ observé) = 1,468

– les limites des classes, indiquées dans le tableau 5. Par exemple, on trouve :

• la limite entre la classe 9 et la classe 10 :

22,8 (μ observée) + 1,8 (intervalle réduit) $\times$ 4,12 = 30,21

• la limite entre la classe 0 et la classe 1 :

22,8 (μ observée) - 1,8 (intervalle réduit) $\times$ 4,12 = 15,38

On peut remarquer que si l'on ramène l'échelle étalonnée à des scores entiers, on a une largeur variable (dans l'exemple ci-dessus, tantôt 1 tantôt 2 scores). Ceci est dû au fait que l'échelle brute est discontinue. On remarque que l'on ne s'est pas un seul instant occupé des effectifs de la distribution. Seuls l'écart-type et la moyenne ont été nécessaires. On doit maintenant s'attendre à ce que les effectifs réels des classes ainsi délimités soient conformes aux effectifs théoriques. Pour le vérifier, on doit bien sûr disposer de la distribution des scores bruts.

On peut alors utiliser cet étalonnage pour traduire toute performance d'un sujet faisant partie de la population parente de l'échantillon en note étalonnée. Par exemple, un sujet ayant un score brut de 22 points obtiendra la note 5. Une note brute de 15 renverra à la note 0.

2. Choix d'une échelle

2.1 Les critères de choix

Comment, lorsqu'on est amené à étalonner un test, choisir son modèle ou sa convention ? On peut distinguer deux critères indépendants. Le premier renvoie à une question de réalisme, le second à une question de conformité.

Découper une distribution de notes brutes par cumul d'effectifs théoriques ou par segmentation de l'échelle est toujours possible. Mais ce découpage épouse plus ou moins bien la distribution.

Considérons tout d'abord les quantilages. Chaque fois que l'on établit une césure dans la distribution, on procède à une approximation d'effectif, du fait que les notes brutes qui délimitent cette césure ont un effectif supérieur à 1. On crée autant d'approximations qu'il y a de césures, soit par exemple 99 pour un centilage, 9 pour un décilage et 3 pour un quartilage. Chaque approximation peut être quantifiée par la valeur absolue de la différence entre effectifs réel et théorique. La somme de ces différences peut être exprimée en pourcentage de l'effectif réel total. Plus cette proportion est grande et moins le modèle « collera » à la réalité.

Supposons que l'on se fixe un plafond de 10 % d'approximation sur l'ensemble des césures. Si l'on construit un quartilage, on dispose d'une marge d'environ 3,3 % de l'effectif total d'approximation par césure. Pour un décilage, cette marge se réduit à environ 1 % de l'effectif total, ce qui est peu. Pour un centilage, la marge se ramène à environ 0,1 %, ce qui donne une idée de la taille de l'échantillon et de la sensibilité de l'échelle brute dont il faut disposer !

En ce qui concerne les étalonnages sigmatiques, on peut aussi calculer la différence entre effectifs théorique et réel (il y en a autant que de classes) et les additionner. On comprend ici aussi que plus le nombre de classes est petit et meilleure sera l'approximation des effectifs.

Le second critère renvoie à une nécessité pratique. La plupart du temps, un outil psychométrique n'est pas utilisé isolément ; en fait, on mesure souvent un ensemble de dimensions pour aboutir à la notion de profil de dimensions (profil de personnalité ou d'intelligence, comme on le verra dans le chapitre 5). On utilise alors une *batterie* d'outils. Ces outils devront être étalonnés selon le même modèle.

Le problème qui peut se poser est que l'on vise un modèle sigmatique sans pour autant disposer d'une distribution d'allure normale. Rappelons que ce qui pose problème, c'est la non coïncidence des effectifs théoriques et des effectifs réels des classes. On procède alors à une *normalisation*, qui permet de définir les classes à partir des effectifs et non pas d'un intervalle.

2.2 Construction d'une échelle sigmatique par normalisation

On applique la démarche des quantilages (répartir les classes sur la base de %), à deux différences près :

Valeurs observées			Valeurs normalisées			Étalonnage normalisé	
x	n	n_c	n_{ct}	n_t	% t	Classe	Scores de la classe
06	04	4					
07	3	7					
08	7	14	12,6	12,6	3,6	0	0 à 8
09	8	22	28,35	15,75	4,5	1	9
10	18	40					
11	19	59	55,3	26,95	7,7	2	10/11
12	20	79					
13	18	97	95,9	40,6	11,6	3	12/13
14	30	127					
15	27	154	147	51,1	14,6	4	14/15
16	28	182					
17	31	213	202,65	55,65	15,9	5	16/17
18	29	242					
19	21	263	253,75	51,1	14,6	6	18/19
20	16	279					
21	14	293	294,35	40,6	11,6	7	20/21
22	12	305					
23	11	316	321,3	26,95	7,7	8	22/23
24	13	329					
25	8	337	337,05	15,75	4,5	9	24/25
26	6	343					
27	7	350	349,65	12,6	3,6	10	26 et +

Tableau 6. *Échelle sigmatique par normalisation.*

– on va construire 11 classes ;
– on va conformer les pourcentages de ces classes à ce qu'ils sont dans le modèle sigmatique.

Ainsi, on disposera d'une échelle conforme au modèle sigmatique, à ceci près qu'il s'agira d'une échelle non pas d'intervalle mais ordinale.
Rappelons ces pourcentages[2] :

Classe	0	1	2	3	4	5	6	7	8	9	10
%	3,6	4,5	7,7	11,6	14,6	15,9	14,6	11,6	7,7	4,5	3,6

À partir de l'effectif cumulé de la distribution des notes à un test on peut donc déterminer à quelles notes brutes correspondront quelles notes étalonnées. Reprenons l'exemple de la distribution à partir de laquelle a été illustrée la construction d'un décilage et supposons que nous voulions établir un étalonnage sigmatique en appliquant le principe de la normalisation.

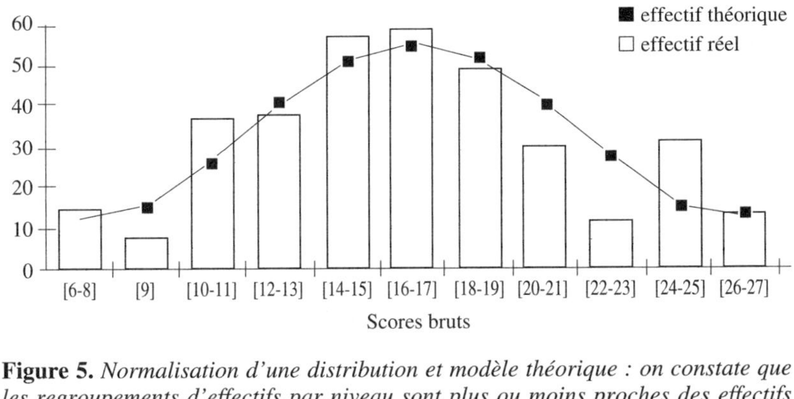

Figure 5. *Normalisation d'une distribution et modèle théorique : on constate que les regroupements d'effectifs par niveau sont plus ou moins proches des effectifs théoriques.*

2. On remarquera que la somme vaut 99,9 ; cette approximation pourrait être évitée en utilisant des chiffres à deux décimales qui ne sont pas justifiés en pratique.

On retrouve dans les trois premières colonnes du tableau 6 (p. 78) les mêmes valeurs observées (x, n et n_c). En revanche, le calcul des n_{ct} (effectifs théoriques cumulés) va changer puisqu'ils seront calculés en fonction de la distribution théorique des pourcentages du modèle sigmatique. On obtiendra ainsi les effectifs normalisés de chaque classe (voir figure 5).

Types d'échelles	**Classes des étalonnages**										
Centilage											
Décilage	I	(II)	III	IV	V	VI	[VII]	VIII	IX	X	
Quartilage		(A)		B			[C]		D		
Sigmatique											
11 classes	0 1	(2)	3	4	5		[6]	7	8	9 10	
7 classes	0 1	(2)			3		[4]			5 6	
QI Version Wechsler	70	(82)			100		[106]		115	130	
% des effectifs	0	10	20	30	40	50	60	70	80	90	100

Exemples de lecture du tableau :
– II en Décile, situant le sujet dans la tranche des 10 à 20 %, correspond approximativement à A en Quartilage, 2 en sigmatique 11, 2 en sigmatique 7 et à un QI de 82.
– VII en Décile, situant le sujet dans la tranche des 60 à 70 %, correspond approximativement à C en Quartilage, 6 en sigmatique 11, 4 en sigmatique 7 et à un QI de 106.

Tableau 7. *Correspondance entre différents types d'échelles étalonnées.*

Pour la classe 0, nous savons qu'il y a dans un étalonnage sigmatique en 11 classes 3,6 % de sujets, ce qui représente 12,6 (350 × 0,36). On pourra de la même façon calculer les n_t (effectifs théoriques) de chaque classe.

Pour trouver les notes brutes des classes, on reprend alors le même principe que pour l'étalonnage en décile, comme le montre le tableau 6. On recherche la valeur n_c la plus proche de la valeur n_{ct} (comme indiqué par les flèches) et cela donne l'étalonnage normalisé de la troisième colonne. La figure 5 montre comment la normalisation obtenue s'ajuste au modèle théorique.

Étalonner un test, c'est appliquer un modèle de distribution à un échantillon de mesures brutes. Cette distribution conventionnelle définit comment varie en intensité une dimension psychologique donnée chez un échantillon représentatif de personnes. Les modèles d'étalonnage peuvent être classés selon qu'il font appel à une distribution plate ou bien normale, et que leur échelle est ordinale (cumul des effectifs) ou d'intervalle (découpage sigmatique). Le choix d'un modèle d'étalonnage obéit à deux critères indépendants. Le premier est un critère de qualité d'ajustement de la distribution des mesures brutes par le modèle ; un modèle peut s'avérer inadéquat s'il s'applique trop approximativement à la distribution qu'il est censé organiser. Le second est un critère de conformité d'échelle et s'applique dès que le test que l'on étalonne est utilisé dans une batterie.

S'il est donc utile d'établir des échelles étalonnées se situant à un même niveau de la mesure, on peut, en cas d'impossibilité, établir une correspondance simple entre des échelles étalonnées différentes et des quotients intellectuels comme le montre le tableau 7.

La comparabilité des performances est donc toujours possible à un niveau métrique. Mais l'essentiel est la signification que le psychologue attribue à ces valeurs, ce qui renvoie alors au problème très délicat de l'interprétation des données recueillies.

Situations-Problèmes[3]

10. On essaie de construire une batterie d'épreuves cognitives étalonnées avec une échelle en dix niveaux. La distribution suivante : n = 403 ; moyenne = 19,38 ; écart-type = 4,36 est celle d'une épreuve de calcul mental.
Choisissez un étalonnage en argumentant votre choix et réalisez-le.

X	6	7	8	9	10	11	12	13	14	15	16	17
n	1	0	0	0	4	4	6	10	22	24	18	21

X	18	19	20	21	22	23	24	25	26	27	28
n	39	42	38	30	25	23	23	19	24	12	18

Les erreurs d'approximation du précédent étalonnage seraient-elles minimisées avec un autre modèle ?

11. La distribution suivante : n = 423 ; moyenne = 7,01 ; écart-type = 2,95 est celle d'une épreuve d'observation, associée à d'autres épreuves étalonnées en onze catégories.

X	0	1	2	3	4	5	6	7	8	9	10	11
n	11	7	15	20	25	42	49	65	61	45	39	23

X	12	13	14	15
n	10	3	5	3

Choisissez un étalonnage en argumentant votre choix et réalisez-le.

3. Voir note 5, p. 32.

12. Vous disposez d'un test qui fait partie d'une batterie dont les échelles sont sigmatiques. L'étalonnage de ce test date de plus de dix ans. Comme vous disposez des résultats récents de 300 sujets ayant passé ce test (voir ci-dessous), vous décidez de refaire l'étalonnage.

X	13	14	15	16	17	18	19	20	21	22	23
n	19	18	17	21	20	18	16	20	21	22	19

X	24	25	26	27	28	29	30	31
n	18	17	15	17	19	19	18	13

Construire une échelle sigmatique vous paraît problématique.

Pour quelle raison l'étalonnage sigmatique est-il problématique ? Choisissez et construisez une échelle adaptée aux données dont vous disposez et compatible avec les étalonnages des autres tests de la batterie.

5

SYNTHÈSE DES DONNÉES ET DIAGNOSTIC

Les méthodes quantitatives fournissent des outils de recueil de données étalonnées. Ce recueil procède presque toujours d'une approche multifactorielle, ce qui pose le problème de l'agrégation des données qui a d'abord une signification quantitative : elle ne fournit pas d'information au plan du fonctionnement psychologique.

Les méthodes psychométriques ne définissent pas les objectifs qu'elles servent ni les logiques d'action dans lesquelles ils s'inscrivent. L'utilisation des données peut donc déboucher sur deux niveaux d'interprétation :
– des formalisations quantitatives faisant appel aux propriétés numériques des échelles et qui permettent ainsi de détecter des particularités dans les caractéristiques individuelles ;
– des diagnostics s'appuyant sur ces formalisations et qui s'inscrivent dans une démarche d'intervention bien particulière exploitant, à différents niveaux, toutes les spécificités des caractéristiques individuelles.

1. Les formalisations quantitatives

1.1 Les profils psychologiques

Les profils consistent en une visualisation graphique d'un ensemble de résultats étalonnés sur la base d'un modèle commun. On recherche avant tout la lisibilité des résultats, notamment lorsque le psychologue procède à une restitution des résultats. Différents formats sont possibles. Par exemple, dans le profil illustré par la figure 3, on trouve sur un axe les différentes dimensions que l'on veut regrouper, ce qui permet d'apprécier leur niveau d'expression.

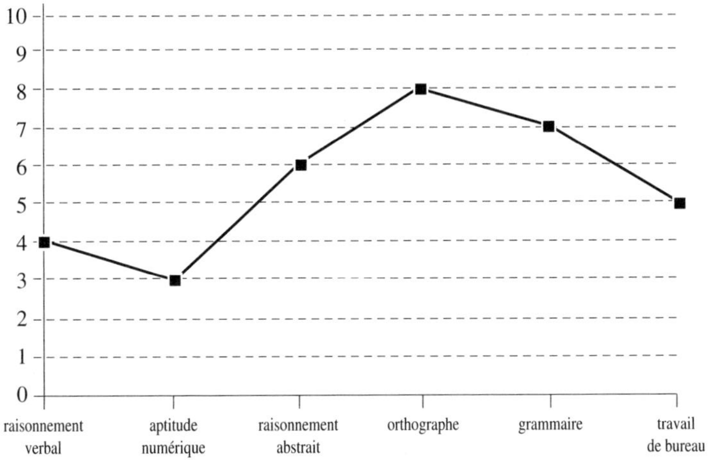

Figure 6. *Profil en notes normalisées illustrant les résultats d'un sujet à la batterie des DAT (1975).*

D'un point de vue strictement métrique, ces données permettent de dégager deux types d'informations concernant les caractéristiques de la personne testée :

– pris séparément, ces résultats indiquent la présence (ou l'absence) de particularité de certaines dimensions ;

– pris dans leur ensemble, ils indiquent, d'une part le degré d'homogénéité de la structure des compétences et de la personnalité, d'autre part son niveau d'intensité.

Concernant le premier point, un étalonnage fournit des indications sur la distribution des résultats d'un échantillon. On peut considérer l'échantillon comme la juxtaposition de trois sous-échantillons : un premier sous-échantillon qui se caractérise par des résultats de faible intensité ; un sous-échantillon, le plus nombreux, qui obtient des résultats modérés ; un sous-échantillon de même taille que le premier, qui obtient les résultats les plus intenses. En simplifiant, on a donc trois possibilités : soit le résultat que l'on examine est particulier en ce sens qu'il est faible ou intense, soit il est banal (et il n'y a rien d'autre à en dire).

Un test sert à provoquer l'émission d'un signal et à détecter si celui-ci est statistiquement particulièrement faible ou intense. La valeur informative d'une mesure est pour ainsi dire nulle lorsqu'elle se situe dans la zone de normalité de la distribution de référence. Concrètement, l'idée de ramener un étalonnage à trois zones d'intensité (faible, normale, forte) peut se traduire par le découpage approximatif suivant : 30 % + 40 % + 30 % (on pourrait adopter une répartition différente, en 5 niveaux par exemple). On peut ainsi assigner une valeur statistique aux différentes échelles envisagées dans le chapitre précédent, comme le montre le tableau 8 qui constitue une simplification du tableau 7.

Intensités	**Faibles**	**Modérées**	**Fortes**
Décilage	I, II, III (30%)	IV, V, VI, VII (40%)	VIII, IX, X (30%)
Quartilage	I (25%)	II, III (50%)	IV (25%)
Échelle sigmatique ou normalisée en 11	0, 1, 2, 3 (27,4%)	4, 5, 6 (45,1%)	7, 8, 9, 10 (27,4%)
Échelle sigmatique ou normalisée en 5	0, 1 (30,8%)	2 (38,4 %)	3, 4 (30,8%)

Tableau 8. *Correspondance entre classes de différentes échelles et niveaux d'intensité.*

La forme d'un profil est un aspect plus difficile à envisager. Un profil parfaitement homogène signifie que le sujet a obtenu des résultats identiques quelles que soient les dimensions envisagées, et quelle que soit la hauteur de ce résultat. À l'inverse, un profil hétérogène signifie que les résultats sont très variables, avec des points forts et des points faibles bien caractérisés.

Si l'échelle utilisée pour tracer le profil est sigmatique, on peut chiffrer l'homogénéité/hétérogénéité des profils, en calculant un écart-type ou en additionnant les différences à la moyenne — celle-ci indiquant l'intensité globale du profil. C'est l'avantage des échelles d'intervalle. En revanche, les quantilages ou les normalisations, construits par regroupement d'effectifs, sont des échelles ordinales. Théoriquement, cela signifie que l'addition des résultats n'a pas de sens, puisqu'aucune unité d'intensité n'est admise. On pourrait objecter que ces limitations sont bien dispendieuses, et que les quantilages ou les normalisations ordonnent précisément les données pour permettre ce genre de calculs.

Un étalonnage sigmatique repose sur une distribution normale *a priori*. C'est cette condition qui permet de considérer l'échelle brute comme échelle d'intervalle. Il s'agit donc d'un critère non pas psychologique mais strictement statistique et conventionnel (une grandeur mesurée sur un grand nombre varie normalement). Pour le psychologue cependant, le point essentiel n'est pas d'ordre statistique. La notion d'unité de mesure sur une échelle d'intensité est affaire de postulat psychologique. Décider qu'il existe une unité d'anxiété, de besoin de réussite ou d'intelligence générale, par exemple, doit référer à une dimension psychologique. Lorsqu'on travaille sur un profil, la question est moins de savoir si l'on a le droit, compte tenu des conventions d'étalonnage, de faire ou pas de l'arithmétique avec les scores, que de savoir si cette arithmétique a du sens du point de vue psychologique.

1.2 Les quotients intellectuels

Il existe deux types de quotients intellectuels.

Le plus ancien est lié à la psychologie du développement et repose sur la notion d'âge mental (Binet-Simon). Le principe de l'âge mental consiste à faire correspondre une performance à un âge. Le groupe d'épreuves qui a été complètement réussi fixe l'âge mental de base, auquel on rajoute des mois en fonction des épreuves les plus difficiles réussies. Cet âge mental est ensuite traduit en quotient à l'aide de la formule :

$$\frac{\text{âge mental (en mois)}}{\text{âge réel (en mois}} \times 100$$

Ainsi par exemple, un enfant de 12 ans et 7 mois ayant un âge mental de 12 ans a un QI de 95. Un décalage identique pour un enfant de 6 ans et 7 mois donne un QI de 90. Le tableau 9 montre qu'un décalage donné entre âge réel et âge mental est d'autant plus fort en terme de QI que l'âge réel est petit.

Âge réel (ans)	Âge réel (mois)	Âge mental	QI
4	48	41	85,42
5	60	53	88,33
6	72	65	90,28
7	84	77	91,67
8	96	89	92,71
9	108	101	93,52
10	120	113	94,17
11	132	125	94,70
12	144	137	95,14
13	156	149	95,51

Tableau 9. *Variations du QI à décalage constant (– 7 mois).*

Le second type de QI dérive directement des étalonnages sigmatiques ou normalisés. Si l'on connaît la moyenne et l'écart-type d'une distribution représentative, on peut traduire n'importe quelle note brute en note standard. Par exemple, on peut, comme c'est le cas dans la WAIS (1970), adopter une échelle standard ayant comme moyenne 100 et comme écart-type 15. Supposons une note brute de 30, référée à une distribution observée ayant 25,2 de moyenne et 6,32 d'écart-type. On peut calculer à quoi correspond 30 en note réduite :

$$\frac{30 - 25{,}2}{6{,}32} = 0{,}7595$$

Cette note réduite peut à son tour être transformée en note standard. Il suffit de changer l'unité et l'origine :

$$\left[\left(\frac{30-25,2}{6,32}\right)\times 15\right]+100=111,39$$

On peut toujours, compte tenu de l'assomption de normalité de la distribution de référence, rapporter une note standard à une proportion. Il suffit de disposer d'une table de la loi normale, ou plus grossièrement de repères sigmatiques. Par exemple, un QI de 111 se situe à 0,76 σ de l'origine (note réduite), soit entre 0,6 σ et 1 σ, ce qui correspond à la classe 7 de l'étalonnage sigmatique en onze catégories (voir chapitre 4). Cette performance est située dans les 27,4 % des notes les plus élevées (11,6 + 7,7 + 4,5 + 3,6), ce qui traduit une performance élevée.

Les notes standards peuvent supposer différents « standards ». Certains tests utilisent les notes « T », définies par une moyenne de 50 et un écart-type de 10. Pour reprendre l'exemple précédent, 30 (note brute) correspondra à :

$$\left[\left(\frac{30-25,2}{6,32}\right)\times 10\right]+50=57,60$$

Dans certains manuels de tests, on trouve le terme de « stanines ». Les stanines sont définies par une moyenne de 5 et par un écart-type de 2. Les échelles standards présentent l'intérêt de fournir des indicateurs numériques qui peuvent être très fins. Mais il ne faut pas perdre de vue que cette finesse est toute numérique. Il n'est pas nécessaire d'utiliser un millimètre pour faire de la découpe au mètre ! L'interprétation psychologique se situe bien souvent à un niveau de discrimination plus grossier (entre 3 et 7 niveaux suffisent largement la plupart du temps). Lorsqu'on utilise une échelle standard, on a intérêt à ne pas perdre de vue la correspondance des notes standard avec ces niveaux pratiques.

2. Interprétation psychologique des mesures psychométriques

Comme cela a été souligné au chapitre 1, le recueil de mesures psychométriques se situe dans le cadre d'une démarche de diagnostic. Ce terme polysémique demande à être clarifié. En effet, il renvoie d'après le *Petit Robert* à l'« action de déterminer une maladie d'après ses symptômes », à la « prévision » ou encore l'« hypothèse tirée de signes », ou à une « méthode de recherche et de correction des erreurs, [notamment] dans un programme d'ordinateur ».

En psychologie, la notion de diagnostic est plus complexe et les examens psychométriques doivent permettre d'atteindre cinq niveaux d'objectifs :
– décrire ce qu'il est pertinent de connaître du ou des sujets dans la situation traitée par le psychologue ;
– comprendre cette description dans son contexte ;
– en prévoir les conséquences au niveau « écologique » ;
– conseiller le ou les intéressés ;
– participer à des décisions les concernant.

2.1 Décrire

Il faut souligner qu'il existe un grand nombre de situations où la mise en scène qu'impliquent les tests est totalement inadaptée aux objectifs que l'on poursuit. C'est le cas, par exemple, d'un travail d'élaboration personnelle du sujet grâce à une attitude ouverte d'écoute, d'une intervention sur l'environnement matériel ou organisationnel d'une entreprise. La mise en œuvre des tests suppose pour le psychologue d'assumer un projet d'évaluation des personnes, ce qui renvoie à la nécessité d'une réflexion sérieuse au sujet de ses implications éthiques et déontologiques, comme on verra p. 95.

Un test est par excellence un outil d'observation expérimentale (P. Pichot, 1971). Son avantage tient à l'objectivité qu'il permet de gagner par rapport à des observations moins formalisées, et à son économie. Encore faut-il que ce que l'on observe à l'aide de tel ou tel test ait quelque pertinence par rapport à la situation traitée, et que l'on ne limite pas son observation aux mesures que l'on entreprend.

Les descriptions que l'on obtient à l'aide des tests ne présentent pas de difficulté. N'importe quel profane peut rapidement apprendre à dresser un profil ou encore à assurer une passation de test. Mais un profil n'a aucune valeur sans la mise en correspondance de ce qu'il contient avec les éléments critiques de la situation traitée. La question essentielle à se poser est : « Pourquoi mesurer telle ou telle dimension ? » La compétence du psychologue praticien réside avant tout dans sa capacité à structurer l'espace-problème dans lequel il situe le diagnostic. On rejoint ici ce qui a été dit sur l'analyse de la demande (J.-B. Dupont, 1994).

Considérons par exemple la situation où une psychologue clinicienne est consultée pour l'instabilité et l'agressivité d'un enfant (voir exemple 1, p. 16). Au vu des éléments dont on dispose, l'estimation du QI de l'enfant ne paraît pas particulièrement pertinente. On peut tout simplement considérer que la demande n'est pas assez travaillée pour qu'une démarche d'évaluation formelle soit envisageable. En revanche, ce serait le cas s'il s'agissait d'attester que les difficultés scolaires d'un enfant sont liées à des difficultés cognitives, ou à une mauvaise adaptation due à un QI particulièrement élevé. L'observation permise par les tests n'est pas une fin en soi, mais le moyen de faire avancer une problématique dans un contexte donné.

Pour prendre un autre exemple, l'administration d'un questionnaire de personnalité en vue d'un recrutement n'est pas une nécessité absolue. Elle l'est si la connaissance que l'on a de la mission pour laquelle on recrute permet de dire par exemple que la stabilité émotionnelle est une qualité indispensable au succès de la mission.

2.2 Comprendre

Comprendre, c'est construire une représentation (J.-F. Richard, 1990). Pour ce qui nous concerne, il s'agit d'établir des relations entre les résultats obtenus et les conduites du sujet dans son contexte (activité et comportement). Dans le cas du conseiller d'orientation sollicité pour déterminer les compétences techniques d'un adolescent (voir exemple 3, p. 17), une mesure de l'intérêt et du « don » pour le technique est opérationnalisée par :

– un score d'intérêt « technique » à l'IRMR ;

– un score de compréhension mécanique (aisance dans l'apprentissage des lois du fonctionnement et de l'entretien de dispositifs compliqués) ;

– un score de raisonnement spatial (capacités à travailler sur un matériel concret à partir de sa représentation visuelle) à la batterie des DAT.

Ces scores pourront être reliés aux résultats scolaires et à des expériences de vie significatives pour l'enfant (montage d'un modèle réduit...).

Cette mise en relation sert à donner une cohérence au profil obtenu avec ce que l'on peut savoir du sujet par ailleurs. Lorsque des dissonances surviennent (comme par exemple entre un discours qui valorise ostensiblement la comptabilité et un intérêt mesuré particulièrement fort pour la création et plutôt faible pour ce qui touche au calcul et au travail de bureau), il y a lieu de rechercher un étayage de ces données au moyen de l'entretien. Un profil cohérent constitue une information solide pour l'intéressé. Ce travail de mise en relation est une sorte de validation ou de qualification des résultats obtenus, qui pourront alors jouer pleinement leur fonction d'aide au conseil ou à la décision.

Il existe des situations où la compréhension des résultats dans un ensemble d'informations convergentes n'est pas réalisée. Lorsqu'une organisation cherche à sélectionner un faible pourcentage de candidats en partant d'une base élargie (concours de la fonction publique, par exemple), elle a besoin de critères de tri pertinents, faciles à utiliser et garantissant une égalité de traitement à tous les candidats. Les épreuves psychométriques répondent à ce type d'exigence, car elles permettent d'affecter un score à chaque candidat, d'une manière relativement économique. L'expertise du psychologue est ici mise en jeu au niveau du choix des épreuves, des protocoles de leur administration et des modes de cotation. Le choix des épreuves implique de s'appuyer sur une connaissance du travail et sur des aspects mesurables qui caractérisent la compétence professionnelle. Par exemple, il est bien évident que les capacités de raisonnement formel ne suffisent pas à caractériser les « bons » aides soignants.

2.3 Prévoir

Le fait de prévoir l'évolution des phénomènes à partir de différents indices constitue un objectif pour la plupart des sciences technologiques. La prédiction parfaite d'un phénomène suppose qu'il soit totalement connu du point de vue de son évolution causale, ou bien qu'il appartienne à une famille d'observations répétées. En psychologie, la prédiction se situe plutôt au plan légal que causal de l'explication.

À l'exception de situations très spécifiques où l'examen psychométrique apporte des éléments d'explication causale, deux types de sources permettent de fonder la capacité d'anticipation du psychologue : les études de validité prédictive qui font l'objet de critiques et d'efforts d'amélioration (M. Reuchlin, 1992) et l'accumulation d'observations qui construit l'« expérience » du praticien.

L'expérience suppose une exposition importante aux situations, mais cette condition n'est pas suffisante à l'élaboration de l'expertise. Encore faut-il que le praticien en retire des connaissances et du savoir-faire. Les processus qui président à l'élaboration de l'expertise sortent bien évidemment du cadre de cet ouvrage. Nous nous bornerons à évoquer le recours nécessaire à des processus d'auto-instruction permettant, d'une part, d'associer des connaissances (concepts, règles, lois, etc.) à des exemples pris sur le vif (validation) et, d'autre part, d'en repérer les limitations (délimitation des conditions de validité des connaissances).

La compréhension que l'on obtient de la manière dont « fonctionne » le sujet est la base sur laquelle on peut anticiper des risques d'échec, de difficultés, ou des chances de réussites dans telle ou telle situation (déroulement de scolarité, adéquation à un poste, adaptation à de nouvelles conditions de vie dans le grand âge, etc.). C'est en projetant en quelque sorte l'image du fonctionnement du sujet sur l'écran d'une situation future que le psychologue peut justifier un pronostic positif ou négatif quant à l'évolution probable de cette situation (évolution d'un syndrome dépressif, d'une scolarité, etc.). Cela suppose une connaissance suffisante des situations par rapport auxquelles il s'agit de prédire comment le sujet pourra y faire face.

Prévoir en psychométrie, c'est essayer de dégager quelques tendances qui gouvernent l'évolution d'un système complexe. On ne peut donc renvoyer le lecteur qu'à une attitude d'humilité devant l'état lacunaire des connaissances actuelles et de prudence par rapport aux échos que peuvent prendre ses énoncés auprès du demandeur.

Au mieux, les prédictions issues d'études statistiques offrent des probabilités. Par exemple, on pourra dire qu'un garçon de 3e obtenant un score de motivation élevé (catégories normalisées de 7 à 10) aura une probabilité de réussite au brevet de 85 %, tandis qu'un autre obtenant un score faible (0 à 3) verra ses probabilités de réussite chuter à 55 % (voir le *Questionnaire de motivation* de Larcebeau révisé par Aubret). Notons qu'un résultat isolé n'apporte pas d'information décisive. La prédiction permise par un résultat est probabiliste.

C'est l'ensemble d'un « tableau clinique » permettant de considérer une réalité pluridimensionnelle qui permet de prononcer un pronostic plutôt favorable ou défavorable. Au psychologue de pondérer les facteurs individuels et environnementaux qu'il appréhende dans l'évolution d'une situation globale ; à lui également de hiérarchiser quels facteurs individuels, parmi l'ensemble de ceux envisagés, sont les plus importants. On retrouve la nécessité de l'approche systémique développée dans le premier chapitre.

Les tests sont des outils qui permettent d'opérationnaliser une vision systémique qui, pour incertaine qu'elle soit, guide l'observation et la compréhension du fonctionnement psychologique du sujet dans les situations qu'il rencontre. C'est cette vision qui commande le choix des outils et non l'inverse, sous peine de se voir ramener à un rôle limité de psychotechnicien. C'est aussi cette vision qu'il s'agit de soumettre aux aspérités du champ professionnel dans lequel le psychologue évolue. La légitimité des tests ne résulte donc pas uniquement de leurs qualités métrologiques.

2.4 Conseiller, participer à une décision

La capacité d'anticipation que l'on acquiert grâce une vision globale et à des « paramètres » spécifiés fonde la compétence du conseiller. Deux situations radicalement différentes bien que non exclusives l'une de l'autre doivent être distinguées, selon que les résultats de la démarche sont destinés aux intéressés ou à d'autres.

Lorsqu'ils sont destinés à l'intéressé, comme par exemple dans un bilan de compétences, le psychologue donne un avis sur les choix directeurs qui paraissent les plus favorables à l'épanouissement professionnel du sujet et sur les moyens de les mettre en œuvre. On travaille dans le même esprit en orientation scolaire. Dans tous les cas, le travail du conseiller suppose le renvoi d'une image au sujet. S'il est vrai que l'on se construit par les autres, cette image peut s'enraciner profondément dans l'esprit de la personne, et exercer une influence régulatrice d'autant plus durable qu'elle suscite de l'adhésion. Il faut également être conscient des limites d'un discours qui, par définition, n'est pas le fruit de l'élaboration personnelle du sujet. Une petite vérité subjective peut être plus efficace qu'une « expertise » qui reste incantatoire (C. Rogers, 1991).

Les situations où il s'agit de participer à des décisions concernant l'intéressé sont tout aussi délicates. Elles ne concernent pas uniquement les psychologues. Les membres de commissions qui autorisent l'accès à certains cursus de formation, les responsables d'entreprise qui recrutent, renouvellent leur personnel, restructurent leurs unités de production, et autres professionnels de la justice et du social interviennent peu ou prou sur des événements qui modèlent la trajectoire de vie des personnes. Le fait d'exercer un métier qui implique le maniement d'un certain pouvoir sur les autres est une chose commune, et notre propos n'est pas d'en discuter les fondements éthiques. Le psychologue, s'il accepte de se situer dans cette logique, doit reconnaître cette responsabilité et la référer à la déontologie qui régit sa profession (J. Schlegel, 1994).

3. Aspects déontologiques de l'utilisation des tests

3.1 Vers un nouveau code de déontologie

À l'heure actuelle, la loi n° 85-772 du 25 juillet 1985 publiée au Journal Officiel du 26 juillet 1985 protège l'utilisation du titre de psychologue : ne peut pas s'intituler psychologue qui veut. Au demeurant, l'activité professionnelle se présente sous une forme quelque peu kaléidoscopique, du fait de la diversité des champs d'intervention (santé publique, industrie, secteur social, éducation et formation, etc.), des statuts (profession libérale, titulaire de la fonction publique, salariat, etc.) et des fonctions effectivement assurées (gestion de projet, recrutement, ingénierie de formation, étude et développement, animation, accompagnement et suivi, psychothérapie, conseil, audit, expertise judiciaire, intervention...).

L'homogénéité du métier de psychologue paraît donc plutôt problématique. Peut-on dégager un objectif commun aux différentes formes d'activités professionnelles qui se réclament du titre ? Peut-on dégager une base scientifique et technique commune ? Qu'est-ce qui définit la spécificité d'un psychologue lorsqu'il est confronté à des professionnels issus d'autres formations mais qui assurent des fonctions analogues ?

C'est sans doute à travers le respect de règles déontologiques que l'on peut le plus facilement appréhender **l'unité du métier de psychologue**. En France et jusqu'à aujourd'hui, on se référait au code de Déontologie adopté en 1961 par la Société française de psychologie (SFP)[1]. Depuis 1996, un travail de réélaboration basé sur une large consultation des organisations et associations de psychologues a été mis en place par le biais de trois associations de psychologie : la SFP précédemment citée, l'Association des enseignants de psychologie des universités (AEPU) et l'Association nationale des organisations de psychologues (ANOP). Il existe actuellement un texte provisoire et une Commission nationale consultative de déontologie des psychologues (CNCDP)[2]. Le fait d'adhérer à une association de psychologues qui adopte ce code engage l'adhérent à le respecter.

Un code de déontologie répond à trois types de nécessités concourant au renforcement de la profession dans la cité :

1) reconnaître comme tels les problèmes éthiques soulevés par l'exercice professionnel ;

2) permettre le recours à un cadre légal lorsque se pose le problème des limites à ne pas dépasser ;

3) définir une responsabilité collective au regard de l'ensemble de la profession.

1. La SFP est une société scientifique, datant de 1901, qui réunit des chercheurs, des enseignants et des praticiens en psychologie dans le but (article premier des statuts de la société) de « favoriser l'étude et la résolution des problèmes théoriques et pratiques que posent les progrès de cette science et de ses applications ».

2. En voici l'adresse : Éthique et Déontologie, BP 76, 75261 Paris cedex 06.

Par définition, le métier de psychologue implique l'exercice d'une influence directe ou indirecte sur les personnes. Soulignons immédiatement qu'en soi, ceci ne constitue pas une particularité du métier. Mais, dans l'esprit du grand public, la profession de psychologue suscite souvent des questions qui, en dépit de leur formulation plus ou moins naïve, renvoient à l'éthique professionnelle. Le psychologue a-t-il le pouvoir de manipuler les gens ? Peut-il savoir ce qu'ils pensent, ce qu'ils ressentent ? Peut-il connaître des réalités cachées aux autres et aux personnes elles-mêmes ? Ces questions se posent également pour les professionnels intervenant dans le champ de pratiques plus ou moins concurrentes et dont les fondements scientifiques sont fragiles ou inexistants (graphologie, morpho-psychologie, numérologie, astrologie, magnétisme…).

C'est à travers un engagement éthique et déontologique clair que l'on peut lutter contre les confusions et les amalgames. Dans l'attente de l'adoption définitive et de la légalisation d'un code commun aux psychologues français, on pourra avec intérêt se référer aux « Principes pour l'application des examens psychologiques d'aptitudes dans l'économie et l'administration », émis par la section de psychologie du travail, de l'entreprise et des organisations de l'Association professionnelle des psychologues allemands, ainsi qu'au « Code de déontologie relatif à l'utilisation des tests dans le domaine de l'éducation » (États-Unis) présentés en français par J. Schlegel (1994).

3.2 Attitudes par rapport aux tests

O. Bourguignon (1994) différencie éthique et déontologie, la première renvoyant à un « questionnement sur les valeurs », la seconde à la « morale professionnelle ». L'utilisation de tests renvoie donc d'un point de vue éthique à la question des valeurs fondamentales qui sous-tendent l'emploi de méthodes de diagnostic psychologique. Dans quel projet inscrire l'usage des tests lorsqu'on travaille dans le champ du conseil individuel ou familial ou pour des organisations soucieuses d'améliorer leurs procédures de sélection et d'orientation ? Répondre à ces questions suppose un travail à la fois collectif et individuel. Nous nous bornerons plus modestement à citer cette réflexion d'O. Bourguignon (1994, p. 82) :

« On voit [...] bien que les techniques d'évaluation psychologiques sont une des dimensions de notre forme de vie sociale, qu'elles appartiennent pleinement au spectre technologique de notre époque et que, si nous avons la liberté d'utiliser tel ou tel instrument dans telle situation, nous n'avons pas la liberté de nous passer d'instrument d'évaluation dans une société qui délègue aux techniques le soin de gérer sa politique, son économie, sa santé... Les techniques psychologiques d'évaluation sont totalement acceptées socialement même si elles produisent des effets que personne ne contrôle. Elles participent à ce langage que la société tient par rapport à sa nature externe et interne où domine l'idée du faire efficace. Elles promeuvent donc une certaine version de l'humanité de l'Homme. Celle-ci n'a plus pour axe central le sacré, la religion ou même l'Homme, mais bien la science et la technique qui, l'une et l'autre, proposent une certaine traduction de l'humain. »

À partir du moment où le psychologue est en cohérence avec les implications éthiques de son projet d'évaluation et des finalités qu'il lui associe – et il ne nous appartient pas de le faire à sa place –, on peut envisager quelques questions à se poser dans l'exercice du métier, et dont les réponses relèvent de règles ou de principes déontologiques :

1. Qu'est-ce qui fonde l'utilisation des dimensions mesurées dans le contexte de la demande ?

Le risque consiste à utiliser des critères de sélection abusifs. On devrait tendre vers un niveau de certitude élevé lorsque l'on cherche à détecter des pathologies et donc des caractéristiques indiquant une inadéquation de la personne avec le poste, ou bien des critères qui optimisent l'adéquation.

2. Quelle place les résultats psychologiques tiennent-ils dans la procédure de décision ?

La réponse à une telle question dépend de la manière dont on peut expliciter les procédures de décision en vigueur. S'il s'agit de protéger les organisations humaines de dysfonctionnements que pourraient apporter de nouvelles personnes du fait de leur propre fonctionnement psychologique, le « tamis » psychologique sera relativement perméable et d'autres critères interviendront par la suite. S'il s'agit en revanche d'optimiser l'adéquation de la personne au travail, il faudra procéder à un tamisage plus sévère par le biais d'une pondération des critères.

3. Quel niveau d'information proposer aux candidats, avant et après les évaluations ?

Cette information peut porter sur :
– le type de questions et d'exercices qui seront proposés ;
– les possibilités de familiarisation avec ce matériel, dans la limite des consignes du test ;
– la signification des critères au regard du but de l'évaluation ;
– le déroulement de l'examen ;
– les règles et modalités de divulgation à certains mandataires ;
– les possibilités de recours possibles ;
– les droits de prendre connaissance de l'interprétation de ses résultats,

4. Quelles garanties d'équité fournir aux candidats ?

Le risque consiste à privilégier des candidats culturellement préparés à fournir des performances intellectuelles et/ou motrices et des réponses à des questionnaires impliquant une attitude introspective. En ce qui concerne les performances, on peut avancer la position suivante : on cherche à mesurer le niveau de performance le plus élevé que l'individu puisse fournir, puisque c'est sur cette base que l'on infère ses possibilités d'adaptation professionnelle. Il n'y a donc pas de raison de le priver d'un entraînement qui permettra d'évacuer le bruit (au sens de la théorie de l'information) causé par le manque d'habitude et les perturbations émotionnelles qui s'ensuivent. En ce qui concerne les questions sur soi, il faut également que les réponses fournies ne soient pas altérées par des facteurs d'incompréhension ou de blocage.

5. Quels risques d'erreur sont associés aux mesures effectuées ?

On peut se tourner vers les éditeurs de tests. Dans les manuels des tests, la présentation des procédés utilisés pour établir la fidélité et la validité pourrait être améliorée, en précisant la signification pratique des indices statistiques utilisés (un peu de pédagogie ne nuit jamais). Notamment, des illustrations d'estimation de résultats en termes de risque d'erreur ou de niveau de confiance, sous forme d'études de cas, seraient tout à fait éclairantes. Il s'agit en effet de prendre en compte la nécessité de bien cerner les risques d'erreur liés à la mesure, de manière à ce que l'interprétation se situe clairement dans une recherche de convergence d'indices complémentaires, dont le psychologue estime la cohérence, à charge pour lui de pondérer la confiance qu'il leur porte.

Le fait de fournir les distributions des notes brutes permettrait des adaptations (transformation d'un étalonnage sigmatique en décilage par exemple).

Ce travail critique peut par ailleurs s'enrichir des échanges de points de vue sur les intérêts et les inconvénients des outils utilisés, par le biais de toutes sortes de supports de communication (lettres et bulletins d'associations, Internet, etc.).

6. Comment peser dans les relations avec son employeur ou son client pour faire admettre les coûts associés à l'évaluation psychologique ?

C'est au psychologue qu'il revient de sensibiliser son client ou son responsable aux questions posées par la mesure lorsque des procédures aux conséquences qu'il juge déraisonnables ou inacceptables sont exigées, et de structurer le problème lorsque les enjeux ou les objectifs sont flous : l'évaluation psychologique n'est pas une fin en soi. Pour autant, la force de conviction du psychologue sera d'autant plus grande que ses arguments intégreront les critères d'efficacité et d'efficience. Un coût supplémentaire est acceptable s'il peut être amorti ou rentabilisé.

L'utilisation des méthodes quantitatives dans le cadre d'une pratique psychologique revêt des dimensions multiples. Une première dimension est proprement technique ou technologique, et renvoie à la nature même des outils. Dans ce domaine, l'expertise du psychologue est relativement facile à formaliser. Le principe des étalonnages fournit un cadre méthodologique suffisant pour procéder à des estimations quantitatives, bien que d'autres approches soient possibles (P. Vrignaud, 1996). Une deuxième dimension renvoie aux connaissances théoriques qui guident l'interprétation des données. Les connaissances sont utiles au praticien si elles lui permettent de comprendre mieux qu'un profane les conduites des personnes auxquelles il s'intéresse. La maîtrise des connaissances dans la pratique relève d'un processus particulier de construction de l'expertise. La validation pratique des connaissances ne relève pas d'une approche de laboratoire, mais d'une approche clinique. Face à l'extraordinaire diversité des conduites, les connaissances doivent permettre de reconnaître des processus et des états de manière économique (simplicité et rapidité). L'utilité des connaissances varie avec leur puissance assimilatrice. L'exercice qui consiste à établir la correspondance entre l'observation écologique des conduites et leur modélisation est une composante forte de l'activité du praticien.

Ces deux premières dimensions ont trait à la démarche psychométrique en tant que telle. Cette démarche doit être située dans le contexte d'une intervention globale auprès d'une organisation et/ou de personnes. Il n'entre pas dans notre propos de développer la méthodologie de l'intervention ou de la consultation. Toutefois, c'est à ce niveau que se posent les problèmes de responsabilité et d'éthique afférents au projet et à la logique d'action qui seront mis en œuvre. La crédibilité de la profession de psychologue repose en partie sur la capacité à transformer la demande en une prestation contractualisée, et à conduire cette prestation avec des résultats visibles sur les besoins traités. Avant d'y introduire l'évaluation psychométrique des personnes, il faut s'assurer que les questions que l'on se pose font bien appel à des évaluations et que la méthodologie mise en place permet bien d'y répondre. Lorsque c'est le cas, la technicité déployée est un gage sérieux de professionnalisme.

Situations-Problèmes[2]

13. L'évaluation intellectuelle d'un jeune adolescent de 13 ans, dit en difficulté, fournit les notes sigmatiques suivantes :
- vocabulaire : 3 ;
- vision spatiale : 7 ;
- abstraction : 8 ;
- mathématiques : 4 ;
- orthographe : 1 ;
- mécanique : 7.

Quelle formalisation quantitative utiliseriez-vous pour visualiser et interpréter ces résultats ?

Pour mieux comprendre l'hétérogénéité des performances, vous faites passer à cet adolescent un WISC, qui donne les résultats suivants :
- QI global : 110 ;
- QI verbal : 90 ;
- QI pratique : 130.

Comparez les résultats au WISC avec les notes sigmatiques.

14. Vous travaillez depuis peu pour une maison de retraite en tant que psychologue. La directrice de l'établissement vous demande de participer de façon systématique aux recrutements du personnel soignant (aides-soignantes, infirmières), pour que la commission de recrutement puisse si nécessaire s'appuyer sur des éléments d'évaluation tangibles.
Quelques coups de téléphone dans votre réseau professionnel vous apprennent qu'il existe un test fiable et assez rapide qui mesure huit traits de personnalité :
- *ascendance* : « individus qui jouent souvent un rôle actif dans les groupes, qui prennent leurs décisions de façon indépendante, qui font preuve d'assurance dans leurs relations avec les autres » ;

2. Voir note 5, p. 32.

– *responsabilité* : « individus capables de se tenir avec assiduité à la tâche qui leur est assignée, qui font preuve de ténacité » ;
– *stabilité émotionnelle* : « personnes stables, relativement exemptes d'angoisse, de tension nerveuse, d'anxiété » ;
– *sociabilité* : « personnes qui aiment se trouver ou travailler avec d'autres » ;
– *circonspection ou réserve* : « personnes extrêmement prudentes » ;
– *pensée originale* : « personnes qui aiment affronter des problèmes complexes » ;
– *relations interpersonnelles* : « personnes qui font confiance aux autres, tolérantes, compréhensives » ;
– *énergie* : « personnes dynamiques, énergiques ».

Quelle démarche envisageriez-vous pour répondre à la demande (modalités de la rencontre avec les candidats, restitution aux candidats et aux membres de la commission de recrutement, valeur accordée aux résultats psychométriques du test en question) ?

CONCLUSION

L'établissement d'un diagnostic psychologique est une démarche délicate car elle suppose l'articulation entre des méthodes plus ou moins formalisées parmi lesquelles les tests occupent une place centrale. Cependant si les tests peuvent rassurer (ou inquiéter) par leur technicité, leur place dans le diagnostic dépend davantage des possibilités d'interprétation des caractéristiques individuelles qu'ils permettent que des garanties qu'offrent indéniablement leur forte standardisation. Cela suppose que trois conditions essentielles soient réunies pour l'utilisation des tests dans la pratique du diagnostic psychologique.

Construire une compétence à employer des tests suppose de prendre en compte trois niveaux d'élaboration. Du point de vue strictement scientifique, le psychologue doit maîtriser les connaissances et les procédures afférentes à la mesure des caractéristiques individuelles. Nous nous sommes centrés sur les procédures de mesures dites normatives qui font appel aux techniques d'étalonnage. L'attribution d'une signification juste et précise à ces mesures renvoie à la maîtrise de l'état des connaissances dans le domaine des dimensions mesurées. Les mesures doivent pouvoir être traduites en représentations dynamiques du fonctionnement psychologique, ces représentations devant toujours être considérées comme des réductions simplificatrices de la réalité.

Du point de vue professionnel, le psychologue, qu'il travaille en équipe ou seul, engage sa responsabilité dans toute démarche d'intervention ou de consultation. En particulier, si les tests sont utilisés, il cautionne la pertinence déontologique et la validité de leur emploi par rapport à la demande. Dans une situation professionnelle, il est dangereux de se limiter à un rôle d'évaluateur. La connaissance des objectifs réels qui commandent l'évaluation psychométrique permet de contrôler, d'une part, l'existence de dérives toujours possibles dans l'utilisation des résultats, d'autre part, l'efficience des informations obtenues dans le contexte de l'intervention (validité du pronostic) et pour les processus de décision qui motivent la commande.

Enfin, du point de vue interactionniste et clinique, le psychologue doit appréhender la relation avec les personnes évaluées, ne serait-ce que parce qu'il doit être en mesure de restituer les résultats et d'informer l'intéressé des conditions dans lesquelles ils sont ou non divulgués à autrui. Les enjeux privés que la personne y associe doivent pouvoir être reconnus par le psychologue, dans le cadre d'un dialogue confidentiel et constructif.

LISTE DES TABLEAUX ET FIGURES

RÉPERTOIRE DES TESTS CITÉS

BAZO 5 : Test de barrage de Zazzo - forme 5.
BFV : Batterie de fluidité verbale.
CAT : *Children apperception test* (forme pour enfant du *Thematic Apperception Test*).
CL : Test de calcul des longueurs de Faverge.
CRAW : Test de dextérité de Crawford.
D5D : Inventaire de personnalité en 5 dimensions.
DAT : Tests différentiels d'aptitude.
DDV : Test de dépistage visuel.
D 48 : Résolution de problèmes sous forme de séries de dominos, édition 1948.
D 70 : Résolution de problèmes sous forme de séries de dominos, édition 1970.
EMT : Test d'aptitude au travail scolaire de Cantineaux.
INVAPIA : Inventaires d'intelligenge piagétiens.
IRMR : Inventaire d'intérêts professionnels de Bernaud et Priou.
ISHIHARA : Test de vision des couleurs d'Ishihara.
KR : Test de raisonnement de Kouteynikoff.
KV : Test verbal de Kouteynikoff.
K-ABC : Batterie pour l'examen psychologique de l'enfant de Kaufman.
KUD C : Inventaire des préférences professionnelles de Kuder - forme C.
LIREL : Test de lecture de Lefavrais.
MMPI : Inventaire multiphasique de personnalité du Minnesota.
NEMI : Nouvelle échelle de mesure de l'intelligence.
OMEGA : Test OMEGA de coordination motrice de Bonnardel.
PM 38 : Résolution de problèmes sous forme de Matrices progressives, édition 1938.

PM 45 : Résolution de problèmes sous forme de séries de dominos, édition 1945.
PN : Patte noire : test projectif dont le personnage principal est un petit cochon à patte noire.
QMA : Questionnaire de motivation à l'action d'Aubret.
QMF : Questionnaire de motivation à la réussite de Fomer.
R 85 : Test de raisonnement 1985.
SIV : Inventaire de valeurs interprofessionnelles.
SPV : Inventaire de valeurs personnelles.
TAT : *Thematic Apperception Test* (test projectif).
VBP : Test de vocabulaire de base de Poisson.
WAIS : *Wechsler Adult Intelligence Scale* (échelle d'intelligence pour adulte).
WISC : *Wechsler Intelligence Scale for Children* (échelle d'intelligence pour enfant).
WPPSI : Échelle d'intelligence pour la période pré-scolaire.
YC : Test d'intelligence de l'INETOP (Institut national d'études du travail et d'orientation professionnelle).
YI : Test d'intelligence de l'INETOP.
YLS : Test de lecture silencieuse de l'INETOP.
YQIM : Questionnaire d'intérêt et de motivation de l'INETOP.
YRM : Évaluation des connaissances scolaires en raisonnement mathématique de l'INETOP.
16 PF : Questionnaire de personnalité en 16 Facteurs.

CORRIGÉS
DES SITUATIONS-PROBLÈMES

1. Le piège est de céder à la demande du chargé de secteur en lui proposant une liste d'outils d'évaluation psychologique. Avant cela, il serait pertinent d'évaluer, et donc connaître la problématique et les enjeux réels du bilan de compétences pour la structure et les intéressés. Il faut donc :
a) résoudre des problèmes de management (conflits, difficultés relationnelles, attitudes de démotivation au travail, etc.) ;
b) anticiper des changements organisationnels et/ou techniques et préparer le personnel à une reconversion plus ou moins importante à l'interne ou à l'externe (analyse des changements du travail, des besoins de formation et de qualification professionnelle, etc.) ;
c) aider à la gestion des compétences dans le cadre du développement de carrière (prise en compte des aspirations professionnelles et des possibilités d'évolution au sein de la structure, etc.).
Ce n'est qu'après avoir évalué la nature des problèmes posés par le demandeur que les questions de mise en œuvre (coûts et moyens) peuvent être posées.

2. Deux questions se posent au psychologue :
– la caractérisation du problème posé par les parents ;
– la compréhension des déterminants du problème.
La mise en œuvre rapide d'un protocole d'évaluation psychologique de l'enfant ne peut pas constituer une réponse appropriée car cela impliquerait que le problème à caractériser est circonscrit aux caractéristiques individuelles de l'enfant, ce qui n'est pas avéré.
Dans une première phase, il s'agira d'aboutir à une définition du problème plus opérationnelle : les parents ont des difficultés à agir sur le comportement de leur enfant. Quelles sont les circonstances dans lesquelles ces difficultés s'expriment ? Quelles attitudes les parents adoptent-ils vis-à-vis de

leur enfant et de ses frères et/ou sœurs ? Comment se représentent-ils ce que vit leur enfant ? Dans quelle mesure se sentent-ils impliqués dans le déclenchement de ces conduites agressives (question à se poser et à ne pas poser) ?
Du point de vue clinique, le comportement actuel de l'enfant est un signal d'alarme, et l'on peut s'attendre à l'existence de certains refoulements familiaux. Par exemple, l'enfant peut être sensible à la détérioration des relations affectives entre le père et la mère, celle-ci étant passée sous silence en dépit de signes évidents (absences du père le soir de plus en plus fréquentes, disparition de signes habituels de tendresse, etc.). L'enfant peut s'attribuer la responsabilité de cette détérioration si elle s'inscrit dans un scénario œdipien (désir d'éviction du père), et la culpabilité qui en ressort peut alors s'exprimer par des conduites d'agressivité (« c'est pas moi c'est l'autre qui attaque »).
Ce type de problématique peut déboucher sur une aide à l'élaboration familiale des difficultés des parents. Il s'agit de reconnaître et de dire ce qui se passe pour identifier les difficultés réelles tout en construisant et en enrichissant la relation entre les membres de la famille ; ce processus de transformation de la douleur de dire en bonheur d'exister dans un lien profond de parole enrichit la personnalisation de chacun, et notamment des enfants.
Face à ce type de situation, on comprend que le diagnostic psychométrique ne fournit pas *a priori* la bonne solution, en dépit de son effet soulageant pour les parents (le problème est localisé hors de leur domaine de responsabilité immédiat).
Cette analyse conduit à dire aux parents que le comportement de leur enfant est déterminé par un ensemble de facteurs qu'il convient d'abord de découvrir avec eux (les déterminants hypothétiques évoqués ci-dessus seront alors validés au cours d'entretiens diagnostiques). Une démarche de bilan n'interviendra que si la mesure objective de certaines dimensions cognitives ou de personnalité s'avère nécessaire.

3. La notion d'aptitude connote l'idée d'innéité des caractéristiques individuelles ou, à tout le moins, d'une très grande invariabilité de ces caractéristiques. Vous préférez parler de compétence, qui désigne l'ensemble des potentialités d'un sujet, inféré à partir d'un ensemble de données et de performances qui en est la traduction dans des réponses brutes produites par un sujet face à un test par exemple. L'analyse de la distance entre ces potentialités et le niveau ou la nature des réponses produites par le sujet est un élément essentiel du diagnostic du psychologue.

Pour élaborer ce diagnostic, vous vous appuyez sur un ensemble de données que vous fournissent :

a) les enseignants sur les performances scolaires, les comportements en classe et s'ils le peuvent sur les évolutions qu'ils ont cru discerner au cours de la scolarité ;

b) l'analyse des entretiens que vous avez eus avec les enfants et avec les parents qui vous permettent de recueillir des données objectives (sur l'histoire des sujets par exemple) et sur leur perception des problèmes qu'ils ont éventuellement rencontrés ;

c) les résultats obtenus lors de la passation de tests collectifs de tous les élèves de 3e ;

d) les résultats de tests collectifs (pour les niveaux avant la 3e) et de tests individuels passés par les enfants qui en font la demande avec l'accord des parents.

Vous ne niez pas la difficulté d'élaborer une synthèse à partir de ces données et c'est la raison pour laquelle votre diagnostic constitue toujours la base d'une discussion et non une description figée de l'élève.

4. Vous proposez de remplacer le test D 48 par une épreuve cognitive plus actuelle. En effet, si le D 48 présente de grandes qualités métriques, vous considérez que trop d'ouvrages de vulgarisation sur les tests l'ont pris comme base de démonstration et que beaucoup d'élèves connaissent les items de cette épreuve (certains en ont même appris les réponses !). Vous proposez donc de retenir le R 85 ou une forme actualisée du Cattell.

Par ailleurs, il vous semble que la batterie devrait comporter un test de mémoire. Comme, d'une part, les tests existants pour ce facteur vous paraissent un peu vieillots — un grand nombre portent uniquement sur la mémoire immédiate — et que, d'autre part, au cours de vos études vous vous êtes fortement intéressé aux travaux sur la mémoire, vous proposez de tenter d'élaborer une épreuve qui permettrait de distinguer les processus d'encodage et de récupération, les types de mémoires (procédurale/déclarative, etc.). Bien qu'ils soient légèrement effrayés par l'ampleur de la tâche, vous obtenez l'accord de certains de vos collègues pour tenter cette élaboration qui, au-delà de la construction d'un test, permettrait de travailler avec des enseignants sur les processus de stockage des connaissances.

5. Vous êtes prudent car vous savez que les processus mis en jeu dans l'apprentissage de la lecture sont très complexes, comme en témoignent les nombreuses recherches dans ce domaine. Aussi faites-vous deux propositions :
a) À titre d'exemple de tests que l'on pourrait retenir pour mesurer la performance en lecture, vous citez deux épreuves classiques :
– le LIREL de Lefavrais ;
– l'YLS test de lecture silencieuse.
b) Vous suggérez de rechercher des épreuves cognitives et psychomotrices pouvant mesurer des processus mis en jeu dans la lecture qui permettraient de mieux cerner les potentialités des sujets et de saisir ainsi les causes des difficultés rencontrées dans cette activité.

6. La situation présentée est complexe et l'on n'en connaît pas les enjeux professionnels. Il s'agit peut-être d'une confrontation d'orientations pratiques quant au rôle du praticien vis-à-vis de ses consultants : écoute active visant à susciter prise de parole et de position chez les consultants, ou bien investigation active dans laquelle ceux-ci sont conviés à un examen pour se faire mieux connaître du psychologue. Dans le cadre de sa relation avec ses consultants, le psychologue peut en effet placer le savoir de son côté ou bien du côté des consultants. Notre propre expérience nous incite à penser que ce jeu subtil ne répond pas à une logique du tout ou rien, le savoir en question n'étant pas un tout indivisible. Il s'agit plutôt d'une palette d'attitudes professionnelles qui recherchent des effets différents. On n'incite pas forcément quelqu'un à parler en lui administrant une épreuve d'intelligence. Ceci dit, il est courant que le psychologue soit en situation de prendre position auprès d'un tiers par rapport à son consultant. Si elle est assumée, une telle prise de position doit s'appuyer sur des éléments d'expertise. Qu'ils résultent d'une classification nosographique ou d'une comparaison à une norme statistique, ils découlent d'une démarche de mesure, quel que soit son niveau (nominal, ordinal...).

Lorsqu'un clinicien caractérise la conduite d'une personne, il effectue une opération de mesure au sens où il affecte des « valeurs » à la conduite de cette personne en fonction de l'analyse des informations recueillies sur cette personne. C'est parce que vous faites confiance à la valeur du diagnostic de votre collègue que vous considérez qu'il se soumet aux contraintes de mesure. Par exemple, s'il considère qu'un enfant est en phase œdipienne ou qu'un adolescent présente un type de dépression vous considérez que son analyse sera discriminante (la phase œdipienne se distingue bien d'une autre phase du développement, que la dépression décrite ne peut être confondue avec une autre), fidèle (il ne variera pas dans son évaluation ou si un autre clinicien analysait la conduite de la même personne il aboutirait au même diagnostic). La fiabilité de la description clinique peut donc être contrôlée, comme pour les tests, par des indices de fidélité par exemple.

On peut par exemple appliquer un indice de constance en testant la reproductibilité des réponses au Rorschach d'un même groupe de sujets à un an d'intervalle.

7. La graphologie consiste à relier le graphisme de l'écriture des personnes à leur caractère. Elle s'appuie donc sur des mesures graphiques (distinctions qualitatives ou nominales) qui peuvent être examinées en tant que telles. Par exemple, une personne donnée écrit-elle toujours de la même façon ? Il s'agit là d'un problème de fidélité, que l'on pourrait envisager en corrélant les cotations graphiques d'un échantillon de sujets obtenues à partir de deux tâches de copie (texte *a* et texte *b* dans la même période, indice d'équivalence, ou bien texte *a* à quelques mois d'intervalle, indice de constance).

En outre, la graphologie essaie de dresser un portrait caractérologique des personnes. On pourrait envisager de traduire ce portrait en termes comportementaux, pour en analyser la validité prédictive : corrélation entre une mesure à la période t et un comportement (scolaire ou professionnel) observé à la période t + x.

8. Il s'agit de la validité prédictive qui permet, à partir des résultats à ces tests, de prédire la réussite professionnelle. La validité prédictive des tests dits cognitifs est fondée sur le fait qu'ils évaluent des capacités nécessaires à l'acquisition des connaissances requises pour exécuter correctement une tâche. Lorsque l'adaptation professionnelle ne passe pas par de la formation formelle, cette capacité est aussi primordiale car dans les situations de travail les données offertes sont foisonnantes et les méthodes d'organisation, de reconnaissance, de tri, etc., de ces données doivent être construites par le sujet à partir d'une activité cognitive non guidée par des règles apprises préalablement.

9. On remarque un défaut de sensibilité aux niveaux supérieurs de l'échelle : environ 25 % de l'effectif total (à peu près 100/400) sont situés sur les deux derniers scores (saturation à droite), ce qui signifie que les sujets les plus performants ne sont pas bien différenciés.
On peut envisager d'augmenter la difficulté de l'épreuve, en :
– réduisant le temps imparti ;
– augmentant le nombre d'éléments à articuler (par exemple, deux phrases à faire avec 25 morceaux) tout en maintenant le temps imparti.

10. Il s'agit d'une échelle en dix niveaux, donc d'un décilage. Il n'est pas nécessaire de supposer une distribution d'allure normale.
L'étalonnage est présenté ci-dessous.

Scores	6	7	8	9	10	11	12	13	14	15	16	17
Effectifs	1	0	0	0	4	4	6	10	22	24	18	21
Cumulé	1	1	1	1	5	9	15	25	47	71	89	110
Déciles	I	I	I	I	I	I	I	I	I	II	II	III
Effectifs théoriques	40,3									80,6		120,9

Scores	18	19	20	21	22	23	24	25	26	27	28
Effectifs	39	42	38	30	25	23	23	19	24	12	18
Cumulé	149	191	229	259	284	307	330	349	373	385	403
Déciles	IV	V	VI	VII	VII	VIII	VIII	IX	IX	X	X
Effectifs théoriques	161,2	201,5	241,8	282,1		322,4		362,7			

On peut additionner les erreurs d'approximation :
(47 – 40,3) + (89 – 80,6) + (120,9 – 110) + (161,2 – 149) + (201,5 – 191) + (241,8 – 229) + (282,1 – 259) + (322,4 – 307) + (362,7 – 349) = 113,7.
Ces erreurs représentent donc 28,2 % de l'effectif total, ce qui n'est pas satisfaisant.
Si l'on considère ce test comme un test isolé (c'est-à-dire non utilisé dans une batterie), on peut envisager tous les modèles d'étalonnage. En diminuant le nombre de classes, c'est-à-dire le nombre de fois où l'on fait une approximation, réduit-on le pourcentage d'approximations ? Un quartilage pourrait être envisagé :
403 × 25 % = 100,75. Le cumulé le plus proche est 110, soit une approximation de 9,25.
403 × 50 % = 201,5. Le cumulé le plus proche est 191, soit une approximation de 10,5.
403 × 75 % = 302,25. Le cumulé le plus proche est 307, soit une approximation de 4,75.
L'approximation vaut donc en valeur absolue (9,25 + 10,5 + 4,75) = 24,5 ; soit 6,08 %. Bien que moins sensible, un quartilage est un modèle qui « abîme » moins la distribution qu'un décilage.

11. On doit considérer la nécessité d'utiliser une échelle compatible avec celle de la batterie. Les indices fournis suggèrent un étalonnage sigmatique. La distribution présente en outre une allure normale (voir histogramme ci-dessous).

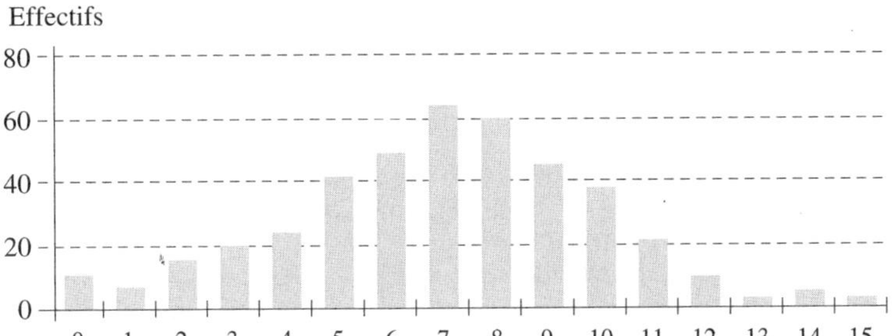

On peut donc construire un étalonnage sigmatique dont le tableau suivant résume les principales caractéristiques :

Limites réduites	– 1,8	– 1,4	– 1	– 0,6	– 0,2	0,2	0,6	1	1,4	1,8	
Limites	1,7	2,88	4,06	5,24	6,42	7,6	8,78	9,96	11,14	12,3	
Classes	0	1	2	3	4	5	6	7	8	9	10
Scores	0 - 1	2	3 - 4	5	6	7	8	9	10 - 11	12	13 à 15

12. La distribution n'étant pas normale (une analyse rapide des données par la réalisation d'un histogramme par exemple, permettrait de le constater) on hésite entre un étalonnage sigmatique par normalisation (solution 1) et un étalonnage en décile (solution 2).

Les étalonnages des autres tests étant sigmatiques, il faut donc choisir la solution 1 qui comportera les étapes suivantes :

a) On utilise pour définir les classes la proportion d'effectifs théoriques des étalonnages sigmatiques (colonne % t).

b) Ces pourcentages permettent de calculer les effectifs théoriques pour une population de 350 sujets (colonne N_t).

c) À partir de ces effectifs théoriques on peut calculer les limites de classes :

– La classe 0 devra comprendre 3,6 % de 350 sujets c'est-à-dire un effectif le plus proche de 12,6 ;

– la classe 1 devra comprendre 4,5 % de 350 sujets c'est-à-dire un effectif le plus proche possible 15,75 ;

– pour trouver facilement les limites de classes et les valeurs les plus proches de la distribution théorique on utilise la procédure des effectifs cumulés (colonnes N_{ct} et N_{co}), en déterminant la valeur observée la plus proche de l'effectif théorique.

d) On obtient ainsi les scores des 11 classes (étalonnage normalisé).

Les résultats de l'application de ces procédures figurent dans le tableau ci-dessous.

X	N	N_c	N_{ct}	N_t	% t	Classe	Score
13	19	19	12,6	12,6	3,6	0	0 à 13
14	18	37	28,35	15,7	4,5	1	14
15	17	54	55,3	26,9	7,7	2	15
16	21	75					
17	20	95	95,9	40,6	11,6	3	16-17
18	18	113					
19	16	129					
20	20	149	147	51,1	14,6	4	18 à 20
21	21	170					
22	22	192					
23	19	211	202,6	55,6	15,9	5	21 à 23
24	18	229					
25	17	246					
26	15	261	253,7	51,1	14,6	6	24 à 26
27	17	278					
28	19	297	294,3	40,6	11,6	7	27 à 28
29	19	316	321,3	26,9	7,7	8	29
30	18	334	337,0	15,7	4,5	9	30
31	16	350	349,6	12,6	3,6	10	31 à 40

13. Les performances mesurées peuvent être regroupées selon qu'il s'agit de tests de connaissances (vocabulaire, orthographe, mathématiques) ou d'aptitudes (vision spatiale, mécanique, abstraction, QI, QIV, QIP). Par ailleurs, pour être comparables, les QI doivent être traduits en notes sigmatiques.

On sait qu'un QI est défini relativement à un modèle normal tel que m = 100 et s = 15. Un QI de 110 se situe à 10/15 = 0,67 écart-type au-dessus de la moyenne. Comme la limite supérieure de la classe 6 vaut 0,6 écart-type, 110 correspond à une note sigmatique de 7. Un QIV de 90 se situe à 0,67 écart-type sous la moyenne, ce qui correspond à une note sigmatique de 3. Enfin, un QIP de 130 se situe à 2 écarts-types de la moyenne, ce qui correspond à la note sigmatique 10.

On peut donc établir le profil suivant :

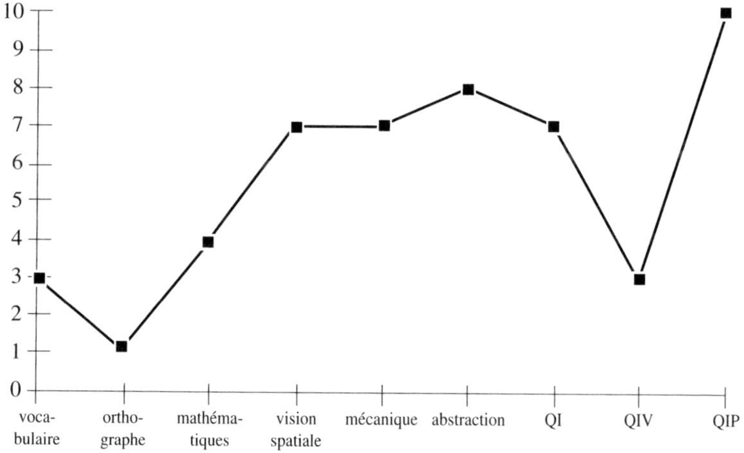

Du point de vue quantitatif, on peut relever de nombreuses particularités :
– performances liées au langage faibles ;
– performances élevées dans les domaines de l'abstraction, de la vision spatiale, de la mécanique ;
– efficience générale élevée ;
– intelligence pratique très élevée.

Du point de vue psychologique, ces résultats montrent des compétences cognitives évidentes. Comment expliquer la faiblesse des performances langagières ? S'agit-il de difficultés de maturation (développement) ou bien d'un processus de sous-utilisation des compétences ? La connaissance du milieu de vie de l'enfant (culture familiale), un examen clinique qualitatif (entretien, analyse des réponses au WISC notamment) permettraient de préciser la meilleure direction. Rien n'empêche le psychologue de soupçonner plutôt des difficultés « existentielles » à l'origine de difficultés d'implication dans les performances scolaires, et probablement dans les situations de communication sociale (attitudes de retrait et d'évitement), qu'une écoute attentive pourrait peut-être déceler.

14. On fait appel au psychologue pour aider au recrutement du personnel soignant. L'enjeu de la demande réside dans la nécessité de dépasser la subjectivité des évaluations (« éléments tangibles »), peut-être à résoudre des différends récurrents au sein de la commission de recrutement et/ou à ne pas renouveller des intégrations malheureuses. Un positionnement clair est donc nécessaire par rapport au poids à accorder aux évaluations que le psychologue pourrait livrer. On peut proposer d'intervenir en cas d'incertitude, pour fournir quelques éléments d'aide à la décision, en prenant soin de ne pas tirer à soi tout le processus de décision. Par ailleurs, il importe de ne pas tenir de discours catégorique, car les indices que l'on mesure n'expliquent pas et de loin toutes les conduites des personnes : au mieux, ces indices permettent d'évoquer des propensions à adopter des attitudes inadéquates ou au contraire tout à fait adéquates aux situations de soins. Les éléments livrés sont donc utilisables pour minimiser la prise de risque lors du recrutement.

Comme le psychologue ne connaît pas toutes les caractéristiques du test, il doit pouvoir vérifier sur le terrain que les différentes dimensions mesurées caractérisent bien des conduites différentes. L'idéal serait de connaître les profils de quelques personnes dont il connaît par ailleurs les différences stables et bien repérées de comportement dans des situations de soins. Un entretien doit également permettre de consolider la signification des dimensions mesurées. Ce travail suppose une réflexion approfondie sur les caractéritiques individuelles qui semblent critiques pour ce type d'activité professionnelle.

En ce qui concerne le respect des principes déontologiques, les évaluations doivent clairement porter sur des aspects comportementaux et non pas sur la personne dans son être ou son identité. Les personnes doivent également pouvoir connaître les résultats des évaluations et leur interprétation dans le contexte des décisions qui auront été prises (entretien de restitution).

À ce niveau-là, la restitution de l'évaluation psychologique peut être une aide à la démarche personnelle de recherche d'emploi et d'orientation professionnelle.

BIBLIOGRAPHIE

Nous avons indiqué dans cette bibliographie uniquement les références utilisées dans l'ouvrage. Il s'agit donc d'une bibliographie minimale sur le thème du diagnostic et des tests psychologiques (moins de trente références alors qu'une bibliographie exhaustive pourrait comporter, en particulier en langue anglaise, plus d'un millier de titres) ; aussi n'indiquerons nous pas à nos lecteurs les ouvrages à lire en priorité.

1. Ouvrages et articles

ANDRONIKOV-SANGLADE A. (1993), *Manuel de cotation du Rorschach pour le système intégré,* Paris, Frison-Roche.

BOURGUIGNON O. (1994). « Éthique, déontologie et clinique », *L'Orientation scolaire et professionnelle*, n° 23, p. 79-84.

BRUCHON-SCHWEITZER M. (1994), « Les problèmes d'évaluation de la personnalité aujourd'hui », *L'Orientation scolaire et professionnelle*, n° 23, p. 35-57.

DICKÈS P., TOURNOIS J., FLIELLER A. et KOP J.-L. (1994), *La Psychométrie*. Paris, PUF.

DUPONT J.-B. (1994), « Compétences requises pour appliquer des techniques psychologiques d'évaluation des personnes », *L'Orientation scolaire et professionnelle*, n° 23, p. 85-98.

GANGLOFF B. (1994), *La Sélection par les tests,* Issy-les-Moulineaux, EAP.

GILLET B. (1987), « Aptitudes et capacités cognitives », *in* C. Lévy-Leboyer et J.-C. Spérandio (Eds.), *Traité de psychologie du travail*, Paris, PUF, p. 487-510.

GORI R. (1996), *La Preuve par la parole. Sur la causalité en psychanalyse*, Paris, PUF.

GUILLEVIC C. (1995), *Psychologie du travail,* Paris, Nathan-Université, coll. « fac ».

HUTEAU M. (1985), *Les Conceptions cognitives de la personnalité*, Paris, PUF.

HUTEAU M. (1994), « Aptitude », *in* P. Champy *et al.* (Eds), *Dictionnaire encyclopédique de l'éducation et de la formation*, Paris, Nathan-Université coll. « Réf », p. 73-75.

HUTEAU M. (1995), *Manuel de psychologie différentielle*, Paris, Dunod.

LONGEOT F. (1969), *Psychologie différentielle et théorie opératoire de l'intelligence,* Paris, Dunod.

MOULIN M. (1992), *L'Examen psychologique en milieu professionnel*, Paris, PUF.

NOIZET G. et CAVERNI J.-P. (1978), *Psychologie de l'évaluation scolaire,* Paris, PUF.

PICHOT P. (1971), *Les Tests mentaux*, Paris, PUF.

RAVEN J.C. (1995), « Ascension des scores aux *Progressive Matrices* de Raven : conséquences pratiques », *Psychologie et Psychométrie*, n° 16, p. 99-113.

REUCHLIN M. (1964), *Méthodes d'analyse factorielle à l'usage des psychologues*, Paris, PUF.

REUCHLIN M. (1992), *Introduction à la recherche en psychologie,* Paris, Nathan-Université, coll. « fac ».

RICHARD J.-F. (1990), *Les Activités mentales. Raisonner, comprendre, trouver des solutions*, Paris, Armand Colin.

ROCH J. (1995), « Évaluation de la personnalité et prédiction des comportements professionnels : le point des recherches actuelles », *Cahiers techniques des psychologues du travail*, n° 11, p. 1-34.

ROGERS C. (1991), « La relation d'aide et la psychothérapie », Paris, ESF.

ROLLAND J.-P. et MOGENET J.-L. (1995), *Système D5D d'aide à l'évaluation des personnes*, Paris, ECPA.

SHENTOUB V. *et al.* (1990), *Manuel d'utilisation du TAT (approche psychanalytique),* Paris, Dunod.

SCHLEGEL J. (1994), « L'évaluation dans les codes de déontologie », *L'Orientation scolaire et professionnelle*, n° 23, p. 99-118.

STREUFERT S. et NOGAMI G.Y. (1989), « Cognitive style and complexity implications for I/O psychology, *in* C.L. Cooper et I. Roberson (Eds.), *International Review of Industrial and Organisational Psychology*, New York, Wiley.

VRIGNAUD P. (1996), « Les tests au XXIe siècle. Que peut-on attendre des évolutions méthodologiques et technologiques dans le domaine de l'évaluation psychologique des personnes ? » *Pratiques psychologiques*, n° 4, p. 5-27.

WECHSLER D. (1961), *La Mesure de l'intelligence de l'adulte*, Paris, PUF.

WITKIN H.A. *et al.* (1962), *Psychological differenciation*, New York, Wiley.

2. Revues

De nombreuses revues (la plupart en langue anglaise) permettront au psychologue de suivre l'évolution des recherches et pratiques dans le domaine du diagnostic et des tests, même si leur champ de publication est plus large que ce thème. Voici quelques exemples des revues les plus citées par les auteurs français :

– *Bulletin de la Société du Rorschach et des méthodes projectives.*

– *L'Orientation scolaire et professionnelle.*

– *Psychologie et Psychométrie.*

– *Revue européenne de psychologie appliquée.*

– *Bulletin of International Tests Commission.*

– *Journal of Clinical Child Psychology.*

– *Journal of Consulting and Clinical Psychology.*

– *Psychological Assesment.*

3. Éditeurs de tests

Vous devrez consulter régulièrement les catalogues des éditeurs de tests. Pour la France on retiendra :

– EAP (Établissements d'applications psychotechniques) : 6 rue André Chénier, 92130 Issy-les-Moulineaux.
– ECPA (Éditions du Centre de psychologie appliquée) : 25 rue de la Plaine, 75983 Paris.

Il existe de nombreux éditeurs étrangers (ou de petits éditeurs français) de tests que vous pourrez adapter en utilisant les principes et les règles présentés dans cet ouvrage.

Dans la collection « 128 »

Série « psychologie » :

72. HARDY-BAYLÉ Marie Christine, *Le Diagnostic en psychiatrie*

74. KEKENBOSCH Christiane, *La Mémoire et le langage*

78. BLANCHET Alain et TROGNON Alain, *La Psychologie des groupes*

82. PEDINIELLI Jean-Louis, *Introduction à la psychologie clinique*

110. MORO Marie-Rose et LACHAL Christian, *Introduction aux psychothérapies*

136. VANIER Alain, *Éléments d'introduction à la psychanalyse*

Dans la collection « fac »

Série « psychologie » :

BAUDIER Anne et CÉLESTE Bernadette, *Le Développement affectif et social du jeune enfant*, 1990.

PÊCHEUX Marie-Germaine, *Le Développement des rapports des enfants à l'espace*, 1990.

CANTER KOHN Ruth et NÈGRE Pierre, *Les Voies de l'observation*, 1991.

GUILLEVIC Christian, *Psychologie du travail*, 1992.

HUBER Winfrid, *Les Psychothérapies. Quelle thérapie pour quel patient ?*, 1993.

IONESCU Serban (sous la dir.), *La Déficience intellectuelle :* t. 1 *Approches et pratiques de l'intervention. Dépistage précoce*, 1993 ; t. 2 *Pratiques de l'intégration*, 1995.

MOSCOVICI Serge (sous la dir.), *Psychologie sociale des relations à autrui*, 1994.

REUCHLIN Maurice, *Introduction à la recherche psychologie*, 2e éd. 1994.

LÉCUYER Roger, PÊCHEUX Marie-Germaine et STRERI Arlette, *Le Développement cognitif du nourrisson* : t. 1, 1994 ; t. 2, 1996.

IONESCU Serban, *Quatorze approches de la psychopathologie*, 2e éd. 1995.

LE CAMUS Jean, LABRELL Florence et ZAOUCHE-GAUDRON Chantal, *Le Rôle du père dans le développement du jeune enfant*, 1997.

FUA Dominique (sous la dir.), *Le Métier de psychologue clinicien. Pratiques professionnelles*, 1997.

IONESCU Serban, JACQUET Marie-Madeleine et LHOTE Claude, *Les Mécanismes de défense. Théorie et clinique*, 1997.

CÉLESTE Bernadette et LAURAS Benoît, *Le Jeune Enfant porteur de trisomie 21*, 1997.

Imprimerie IFC - *Askréa* - 18390 Saint-Germain-du-Puy
N° édition : 10045087-(1)-(2,5)OBST 80
Dépôt légal : mars 1998 - N° d'impression 98/389